이 책을 예수님과 그분의 도를 끊임없이 추구하는

사랑하는 아내 카렌에게 바칩니다.

하나님의 말씀을 알고자 하는 당신의 갈망은

참으로 놀랍고 비할 데가 없습니다.

하나님의 말씀을 올바르게 가르치고자 하는 당신의 헌신은 늘 새롭습니다.

당신의 멈추지 않는 열정은 수천 명의 사람들을

예수님과 그분의 말씀에 대한 더 높은 차원의 이해로 이끌었습니다.

당신은 당신이 가르친 자들의 삶에 흔적을 남겼습니다.

당신이 적당히 안주하지 않음으로 인해 감사합니다.

그리스도의 뜻을 위해 당신만큼 열정적이고 헌신된 사람은 이제껏 보지 못했습니다.

당신은 언제나 그분의 심장소리에 귀 기울이는 사람입니다.

그리고 그러한 당신의 영에는 전염성이 있습니다!

이 책은 곧 당신입니다.

당신이 그분을 따르기로 마음먹은 순간부터 당신의 몸은 그분의 것입니다.

나와 우리 아들들과 우리 교회

모두가 당신에게 감사드립니다!

마지막 시대,
HE SAT DOWN
마지막 주자

타드 스미스 지음 | 조슈아 김 옮김

감사의 말

사랑하는 두 아들, 타이와 이든이 내 삶에 가져다준 큰 기쁨으로 인해 감사합니다. 그들은 참으로 나로 하여금 아비인 것을 자랑스럽게 느끼게 해주는 젊은이들입니다.

사랑하는 어머니, 저는 어머니의 사랑이었던 아버지가 돌아가신 뒤 용기와 열정과 아름다움을 잃지 않고 살아오신 당신의 모습을 보았습니다. 아버지는 당신이 어떻게 홀로 살아오셨는지를 아시고 자랑스러워하십니다. 아버지는 우리 모두를 내려다보며 우리가 경주를 잘 마치기를 응원하고 계십니다.

크라이스트 펠로우십 교회Christ Fellowship Church에 속한 모든 이를 진정 사랑합니다. 여러분이 저에게 얼마나 큰 축복인지 말로 다 표현할 수 없습니다. 여러분과 함께할 수 있음이 저에게는 큰 영광입니다.

우리 교회의 사역자들과 장로들, 하나님께서는 정말 좋은 친구인 여러분을 통해 우리를 축복하셨습니다. 우리의 우정으로 인해 우리의 삶은 더욱 아름답습니다. 하나님의 부르심을 좇아 살 수 있도록 힘이 되어 준 여러분께 감사드립니다.

이 책을 사랑으로 편집해 준 셔리 팟츠, 다나 파울러, 그리고 자넷 에릭슨에게 감사의 인사를 전합니다. 또한 이 책의 표지를 디자인해 준 마티 다라코트의 격려와 우정, 그리고 창의력으로 인해 감사드립니다.

| 목차 |

4_ 감사의 말

01. 위험한 선택 — 9

02. 이삿날 — 21

03. 앉으시다 — 31

04. 슈퍼히어로 — 45

05. 명령들 — 62

06. 우리가 받은 선물 — 73

07. 성령님 — 85

08. 성령세례 — 92

09. 다음 선수 — 105

10. 희석된 복음 — 113

11. 교회 놀이 ········· 120

12. 달란트 비유 ········· 129

13. 결산의 날 ········· 150

14. 마귀의 잘못이 아니다 ········· 157

15. 하나님의 계획 ········· 162

16. 그들은 할 수 없었다 ········· 170

17. 내가 하는 일을 그도 할 것이요 ········· 183

18. 일어서야 할 때 ········· 192

19. 어떤 교회에 출석하는가는 중요하다 ········· 199

20. 하나님은 몸을 필요로 하신다 ········· 205

HE SAT DOWN

01 | He sat down

위험한 선택

"만약 전쟁이 없다면,

하나님께서 우리를 그분의 군대로 부르실 이유도 없다."

_ 웨인 힐스덴

    당신은 처음 만난 사람과 헤어지면서 '저 사람 정신이 조금 이상한데?'라고 생각해 본 적 있는가? 어딘가 좀 모자란 것 같고, 나사가 좀 풀린 것도 같고, 이해력이 좀 부족해 보이는 경우 말이다.

    솔직히 말하자면, 다음 몇 문장을 읽으면서 당신이 나에 대해 그렇게 생각할 것 같아 조금 걱정이다. 그렇지만 이 장이 끝날 때쯤, 당신의 생각이 바뀌어 내가 이상한 사람이 아니라는 것을 알게 되기를 바란다.

하나님은 우리를 필요로 하신다

나는 기독교인이라면 누구나 이해하기 어려워하는 주제를 소개하고자 한다. 이것은 참으로 모순적인 문제이다. 우리의 생명, 삶, 존재 자체를 포함한 우리에 관한 모든 것은 완전히 하나님께 달려 있다. 그렇기 때문에 하나님께서 그분의 의지로 사람에게 의존하기로 선택하셨다는 것은 매우 흥미로운 일이다. 그렇다. 하나님께서는 사람, 즉, 나와 당신에게 의지하고 계신다!

솔직히 나는 지금껏 살면서 단 한 번도 "하나님이 사람을 필요로 하신다"라고 설교하는 것을 들어 본 적이 없다. 물론 이러한 믿음이 적지 않게 논란이 될 수 있다는 것을 나도 잘 안다. 어떤 사람은 이러한 믿음이 신성모독에 가깝다고 말할 것이다. 그러나 "하나님이 사람을 필요로 하신다"라는 개념은 받아들이기 어려운 동시에 성경적으로 올바르다.

하나님께서 우리를 필요로 하신다는 개념을 온전히 이해하기 위해서는 하나님의 위대하심에 대한 건전한 성경적 관점을 가지고 있어야 한다.

성경은 하나님이 완전함과 아름다움의 절대적 구현이라고 가르친다. 우리의 위대하신 왕은 전지전능하시며 무소부재하시다. 그분은 과거와 현재와 미래에 동시에 존재하신다. 놀랍게도 하나님은 모든 시간과 공간을 초월하시며, 모든 장소에 존재하신다. 왜냐하면 만물이 그분 안에 존재하기 때문이다(골 1:17).

하나님은 완전히 스스로 계신 분이다. 그분을 지으신 분은 없으며, 그분은 언제나 존재하셨다. 하나님은 온전히 홀로 자급자족이 가능하신 분이다. 더 나아가서 그분은 원하시는 것은 무엇이든, 언제든 하실 수 있는 아무런 제약이 없으신 분이다. 이 땅 위의 그 무엇도 그분을 멈추거나 통제하거나 그분의 능력에 비길 수 없다. 아무도 그분의 능력을 복제할 수 없으며, 그분의 강력한 능력을 그 누구도 온전히 담을 수 없다.

또한, 하나님의 능력에 맞설 수 있는 자는 없다. 이 세상의 물리적인 운동들도 그분의 명령에 순종한다. 모든 피조물은 하나님을 두려워한다. 지옥의 마귀들은 그분의 이름이 속삭여지기만 해도 벌벌 떤다. 하나님의 임재 앞에 산들도 밀랍처럼 녹아내린다. 그분이 가까이 오시면, 땅은 진동한다. 천사들은 하나님께 절한다. 하나님의 말씀에 질병은 떠나고, 그분이 꾸짖으실 때 죽음은 후퇴한다. 그분의 명령에 물도 갈라진다.

그뿐만이 아니다. 요한계시록에서 언급된 장로들은 그분을 경배한다. 하루 24시간 내내 종일토록 1억의 천사들이 천국의 성가대를 이루어 지속적으로 그분을 찬양하는 노래를 한다.

그 무엇도 하나님의 아름다움과 위엄을 따라갈 수 없다. 그분은 영토의 한계가 없는 나라에서 이 땅의 모든 보좌를 넘어서는 차원의 보좌에 앉으신다. 그분의 보좌가 우리의 상상을 초월하는 정도라면, 그분의 영광은 더욱 그러하다. 하나님은 비교할 수 없는 지혜를 가지고 계시고, 흠이 없으시며, 사랑이 한이 없으시고, 그분의 긍휼에는 끝이 없다.

우리의 유한한 언어와 말은 그분을 온전히 묘사하고 정의하기에는 턱없이 부족하다. 하나님은 흠이 전혀 없으신 분이다. 거룩함은 그분의 속성이 아니라 그분 자체가 거룩함이시다. 그분은 그 무엇보다도 월등하시다. 이러한 분이 바로 우리의 하나님이시다!

이제 좀 헷갈릴 수 있는 부분이자 당신이 나를 좀 유별나거나 미쳤다고 생각할 만한 이야기를 할 차례이다. 그것은 바로 우리의 하나님, 야훼, 왕 중의 왕, 창조주, 스스로 계신 분, 모든 힘과 능력을 다 가지신 분이 우리를 필요로 하신다는 것이다!

이런 나의 의견에 당신은 이렇게 반박할 것이다. "어떻게 그런 말을 할 수 있지요? 하나님은 아무도 필요로 하시지 않아요. 위에 묘사한 모든 것이 하나님은 전능하시며 스스로도 충분하시다는 것을 입증하고 있잖아요."

그것에 대한 해답이자 이 책의 논거는 바로 이것이다. 창세기부터 요한계시록, 그리고 오늘날까지 역사와 성경이 보여 주는 것은 하나님께서 그분의 구속사적인 목적을 위하여 사람들과 동역하시는 위치에 계시기로 선택하셨다는 것이다. 그렇기 때문에 그분은 우리를 필요로 하신다.

하나님은 타락한 본성에도 불구하고 우리에게 권한을 주셔서 영혼을 구원하는 그분의 메시지를 세상 모든 사람에게 전하도록 하셨다. 성경말씀이 이것을 분명하게 보여 준다(마 28:19-20).

하나님께서는 그분의 일을 행할 책임을 새 언약의 교회인 우리에게 주셨다. 그분의 모든 일을 말이다. 쉽게 말하자면, 그분은 우리에게 의지하신다.

이 말을 납득할 수 없다면, 다음의 구절을 보라.

> 오직 하나님께 옳게 여기심을 입어 복음을 위탁entrusted 받았으니 우리가 이와 같이 말함은 사람을 기쁘게 하려 함이 아니요 오직 우리 마음을 감찰하시는 하나님을 기쁘시게 하려 함이라 (살전 2:4)

이 구절을 다시 읽어 보라. 오랫동안 묵상하고 되뇌어 말하라. 내포된 의미를 온전히 취하기 전까지 이 말씀을 떠나지 말라. 바울은 우리가 "복음을 위탁받았다"고 하였다.

무언가를 위탁받는다는 의미는 무엇일까? 메리엄-웹스터 사전은 '위탁'entrust을 다음과 같이 정의한다. "어떠한 것을 행할 책임이나 누군가, 혹은 무언가를 돌봐야 할 책임을 누군가에게 주다." 위탁하다에 해당하는 헬라어는 '피스테우오'pisteuo이다. 이것은 믿음에 사용된 것과 같은 단어로, 이 말씀에서는 "누군가를 신뢰하여 위탁하다"로 해석된다.[1] 하나님께서는 "내가 너를 신뢰한다. 그러므로 너에게 복음을 맡긴다. 이것을 세상에 나누라"고 하신 것이다.

사랑스러운 두 아들은 우리 부부에게 세상의 전부이다. 우리가 자녀들을 얼마나 깊이 사랑할 수 있는지를 확인할 때마다 참으로 놀랍다. 몇 년 전에 카렌과 나는 결혼기념일을 맞아 장기간 해외여행을 하였다. 당시 우리가 여행을 떠나기 전에 해결해야 할 두 가지 문제가 있었다. 그것은 '그렇게 오랫동안 아이들을 떠나 있을 수 있을까' 하는 문제와 '누구에게 아이들을 신뢰하고 맡길 수 있을까'였다. 당신도 알다시피 아이

---

[1] Blue Letter Bible. "Strong's G4100 - pisteuo." https://www.blueletterbible.org/lang/Lexicon/Lexicon.cfm?strongs=G4100&t=KJV.

를 키운다는 것은 쉬운 일이 아니다. 더구나 다른 사람의 아이라면 더욱 그렇다. 누가 되었든, 우리가 아이들을 맡기게 될 사람에게 그것이 어려운 일이라는 것을 아주 잘 알기에 우리는 더욱 신중히 선택하였다.

공항으로 떠나기 전에 우리는 우리에게 가장 소중한 아이들을 친구의 손에 맡겼다. 그들에게 아이들을 '위탁'하며 우리가 돌아올 때까지 그들을 돌봐주고, 먹이고, 보호해 줄 것을 '신뢰'한 것이다.

하나님께서도 복음을 가지고 동일하게 행하셨다. 하나님은 바울에게 예수님의 이야기를 '돌보고 전해야 할 책임'을 위임하신 것이다. 다른 말로 하자면, 하나님께서 복음을 바울의 손에 맡기신 것이다. 당신이 무엇을 하든 이러한 권세와 책무의 위임을 간과하지 말라. 그분께서는 소중한 복음의 메시지 전부를 바울의 손에 맡기시고 이렇게 말씀하셨다. "이것을 세상에 전하라."

바로 이분이 앞에서 우리가 언급했던 전지전능한 하나님과 동일하신 분임을 기억하라. 아무도 필요치 않으신 하나님께서 인간인 바울에게 손을 뻗으시고 동역하기 시작하신 것이다. 그렇게 함으로써 어떤 면에서는 복음을 전파하는 데 있어서 하나님의 역할을 스스로 제한하셨다. 그러므로 이 세상에 끼치는 복음의 영향력은 '좋은 소식'을 나누는 일에 순종하는 사람의 선택에 직결되어 있다.

성경을 자세히 들여다보면, 하나님께서 특별히 사람에게만 그분의 인류 구원의 계획을 성취할 임무를 주셨음을 알 수 있다.

바울은 고린도후서 5장 18-19절에서 하나님이 복음 전파를 위해 우리와 맺으시는 전략적 파트너십을 재차 강조하며 오해의 여지를 없앴다.

> 모든 것이 하나님께로서 났으며 그가 그리스도로 말미암아 우리를 자기와 화목하게 하시고 또 우리에게 화목하게 하는 직분을 주셨으니

바울은 바로 다음절인 19절에서 이렇게 이야기한다.

> 곧 하나님께서 그리스도 안에 계시사 세상을 자기와 화목하게 하시며 그들의 죄를 그들에게 돌리지 아니하시고 화목하게 하는 말씀을 우리에게 부탁하셨느니라

하나님께서는 구원받지 못한 영혼들을 그분께로 인도해야 할 직분을 우리에게 주셨다. 복음의 메시지와 그것을 전파하는 책무를 우리에게 맡기신 것이다.

놀랍게도 복음은 이제 우리의 책임 하에 있다! 이 아름다운 복음이 우리 손에 맡겨진 것이다. 이러한 책무 위임의 의미와 깊이는 매우 놀랍다.

하나님께서 세계사 중 가장 중요한 사건을 통하여 행하신 일을 생각해 보라. 예수님의 출생과 생애, 죽음, 그리고 부활 말이다. 하나님께서는 바로 이 복음과 그것을 돌보는 일을 흙으로 지어진 유한한 존재인 우리 손에 쥐어 주셨다. 솔직하게 이야기하자면, 이것은 나에게는 매우 복잡한 문제이다. 이것이 마치 하나님이 도박과 같은 위험부담을 감수하시는 것으로 보이기 때문이다.

사실 내 생각에 이것은 아주 큰 기업의 CEO가 그의 회사의 미래

를 매우 미숙하고 불평만 하는 열두 살짜리 아이들에게 맡긴 것만 같다. 진짜 기업의 대표라면 미치지 않고서야 그런 결정을 하겠는가? 그것은 믿기지 않을 정도로 정신 나간, 그리고 무책임한 결정일 것이다.

예수님께서는 마태복음 25장 14절에서 하나님이 그렇게 하실 것이라고 우리에게 미리 주의를 주려 하셨다. 하나님께서 '회사', 즉 그분의 교회를 떠나시며, 그 회사의 확장과 번영을 그분의 자녀인 우리에게 맡기실 것이라고 말이다.

솔직히 하나님께서 왜 그렇게 하셨는지 나는 온전히 이해하지 못한다. 하나님께서는 우리가 어떤 부류인지 알고 계신다. 하나님이 정보가 부족해서 우리를 잘 모르시는 것이 아니다.

우리의 과거

하나님은 인류의 역사를 알고 계신다. 우리는 부족하며, 언제나 그래 왔다. 우리는 그다지 믿음직스럽지 못한 평범한 사람들이다. 우리는 아주 잘 하는 것 같다가 금방 또 넘어지고 추락한다. 한 주는 하나님을 향해 불타오르다가, 바로 다음 주만 되도 미지근해진다. 우리는 스스로 그다지 의지할 만하지 못하다는 것을 계속해서 증명해 온 평범한 사람들이다. 솔직히 우리는 모두 줏대 없고 불안정한 사람들이다. 이것과 관련하여 증거가 필요한가?

초신자들을 위해 일단 우리가 완전히 망쳤던 인류의 시작부터 상기해 보자. 금지된 과일과 관련된 사건 말이다.

우리의 위대한 시작은 그리 오래 지속되지 못했다. 그때는 말 그대로 세상이 우리 것이었다. 하나님께서 그것을 우리에게 맡기신 것이다. 하나님께서는 우리가 그 모든 것을 총괄하고 모든 만물을 다스리기 원하셨다(창 1:26-28). 우리가 누릴 수 있도록 완벽한 세계가 우리에게 주어졌다. 그러나 금단의 열매를 한 입 베어 먹음으로 그 모든 것이 망가졌다. 우리의 탁월함, 위대함, 신뢰할 만함을 보여 줄 수 있는 첫 번째 기회가 좋지 않게 끝이 났다.

애굽을 탈출하는 이야기는 또 어떤가? 우리는 그저 우리의 입을 닫고 3-4주 정도 걷기만 하면 젖과 꿀이 흐르는 낙원인 약속의 땅으로 들어갈 수 있었다. 그러나 우리는 그마저도 할 수 없었다. 우리는 음식에 관하여 불평하였고, 잠자리에 대해 푸념했다. 또한 습하다며 투덜댔고, 지도자에 대해 불만을 가졌으며, 뜨거운 날씨에 대해 한탄했다. 심지어 짚과 진흙으로 벽돌을 만들며 노예생활을 하던 시절을 그리워하기까지 했다. 그리고 거기에 더해 '낙원'으로 향하던 광야 길에서 우상숭배를 위해 금송아지를 만들었다. 그것은 정말 최악이었다.

우리는 초점을 잃어버렸고, 그로 인해 큰 대가를 치러야 했다. 광야를 40년간이나 돌아야 했던 것이다. 그리고 첨언하자면, 소수의 믿음의 사람들 빼고는 그 과정에서 모두가 죽었다.

짧은 기간의 순종과 이어지는 불평, 거역, 두려움, 후회, 그리고 다시 순종하는 패턴이 수백 년 동안 반복되면서 이것은 뻔히 예측 가능한 드라마가 되었다.

인류가 변덕스럽고 예측 불가하다는 증거가 더 필요한가? 유다의 배신은 어떠한가? 예수님이 돌아가실 때에는 오직 한 명의 제자, 한 명의 추종자, 한 명의 친구만이 그 자리에 있었다. 바로 요한이었다.

베드로가 동산에서 예수님을 잡으러 온 병사의 귀를 자르고, 세 번이나 그리스도를 부인하고, 다시 어부의 삶으로 돌아갔던 것을 기억하는가? 그리고 예수님의 못자국 난 손을 만지지 않고서는 믿지 않으려 했던 의심 많은 도마도 있다.

이러한 모습이 바로 우리의 모습이다. 바로 우리가 이들이고, 이들의 이야기가 곧 우리의 이야기이다. 인정하고 싶지 않지만, 이것이 처음부터 우리가 행했던 방식이다.

물론 때때로 약속의 순간들이 있었고, 신실한 모습을 보이기도 했다. 예를 들어, 아브라함은 아끼던 아들인 이삭을 기꺼이 제물로 바치려 했다. 소년 다윗은 거인을 물리쳤다. 여호수아와 갈렙은 그들이 모든 것을 정복할 수 있다고 믿었다. 에스더는 자신의 민족을 위해 죽음을 무릅쓰고 담대히 왕에게 나아갔다. 노아는 방주를 지었고, 베드로는 물 위를 걸었다. 요한은 예수님이 십자가에 달리시기까지 그분을 따랐다.

우리가 거의 흠이 없으며 범죄치 않고 빛나던 때도 있었던 것은 사실이다. 그러나 나는 개인적으로 우리에게 복음에 관하여 백지수표와 같은 무한한 책임을 맡기는 것은 조금 과하다고 생각한다. 내가 하나님이었다면, 그리고 인류의 과오에 대해 잘 인지하고 있었다면, 절대로 그렇게 하지 않았을 것이다. 절대로! 그러나 그분은 그렇게 하기로 선택하셨다. 이것이 그분의 방식이자 계획이다. 나는 이해할 수 없지만, 사실 이해할 필요가 없다. 왜냐하면 그분이 그렇게 하실 것이기 때문이다!

우리의 손에 맡겨지다

하나님은 사람들 없이도 충분히 모든 것을 행하실 수 있다. 그리고 분명 그렇게 하실 권세도 가지고 계신다. 그럼에도 불구하고 하나님께서는 그분의 교회인 당신과 나, 즉 우리와 함께, 또 우리를 통해 일하기로 선택하셨다. 우리 중 어느 누구도 완벽하지 않다. 사람은 여러 가지 면에서 흠이 많다. 우리는 참으로 연약하며 쉽게 실패한다. 그런데 하나님께서는 우리의 모든 부족함을 아시고도 그분의 메시지를 우리의 책임 아래 신뢰하고 맡기셨다.

하나님이 하신 일을 생각해 보라. 예수님의 메시지의 가치가 오로지 우리의 손에 달려 있는 것이다. 이것은 참으로 놀라운 일이다.

앞에서 언급한 내용이 진리이기에, 우리는 우리의 현실을 염두에 두어야만 한다. 마지막 때가 가까이 왔고, 아주 빠르게 다가오고 있다. 우리는 역사의 아주 특별한 때에 서 있다. 이만큼 급박했던 적이 없다.

우리는 마무리 지어야 하는 사람들이다. 더 이상 하나님만을 바라보며 "하나님이 다 해주세요"라고 할 수는 없다. 행치 않거나 참여하지 않는 것은 더 이상 우리의 선택지가 아니다.

당신이 이 장을 읽는 동안 지구상의 수백, 수천의 사람들이 그분의 교회, 그분을 따르는 자들, 그분의 증인들로부터 복음을 전해 듣기를 간절히 기다리고 있다. 그들은 지금 하나님을 만날 준비가 전혀 되지 않은 채 영원의 끝자락에 서 있다. 한 발자국만 더 가면 영원한 어둠으로 떨어지는 상황이다.

이러한 가운데 우리는 다음 질문들에 정직하게 대답해야 한다. 일꾼들은 어디에 있는가? 메신저들은 어디에 있는가? 교회는 어디에 있는가? 이 크나큰 책무를 가지고 우리는 무엇을 하고 있는가?

나는 우리가 그리스도의 재림을 맞이할 세대라는 것에 대해 조금의 의심도 없다. 그 어느 세대도 할 수 없었던 역사를 마무리 짓는 일을 감당함으로써 하나님의 역사에 동참하게 되는 기회가 우리 앞에 놓여 있다. 우리는 마지막 시대의 마지막 주자이다.

우리는 이 도전을 적극적으로 취하고, 우리에게 맡겨진 사명에 헌신함으로 잘 마쳐야 한다. 천군·천사들이 우리를 지켜보고 있으며, 세상이 우리를 기다리고 있다. 바로 이때를 위하여 우리가 창조되었다.

미국의 일곱 번째 대통령인 앤드루 잭슨은 이것을 다음과 같이 아주 잘 표현하였다. "내게는 큰 임무가 주어졌다. 바로 지금이 내가 무언가를 해야 할 때이다. 나는 이 기회를 포착해야 한다."

앞으로 이어질 장들에서 나는 예수님께서 하나님 우편에 앉으시고 우리의 손에 복음을 맡기신 일의 중요성에 대해 탐구할 것이다. 이것은 당신의 삶에 있어서 매우 중요한 여정이 될 것이다. 이 기회를 포착하라. 변화될 준비를 하라. 일어날 준비를 하라.

02 | He sat down

이삿날

"홍보를 하지 않으면 아주 안 좋은 일이 일어난다 …

그것은 바로 아무 일도 일어나지 않는 것이다."

_ P. T. 바넘

나는 이사를 싫어한다. 당신도 그렇지 않은가? 어쩌면 이사는 지옥에서 받는 형벌 중 하나일 것이다. 사람이 해야 하는 일 중 가장 최악의 일 중 하나가 이사라는 것에는 논란의 여지가 없다. 나는 이사를 증오한다.

이사 전에 나와 아내는 집 앞에 큰 벼룩시장을 열곤 한다. 우리는 필요 없는 물건을 포장해서 나르고, 차에 싣고, 새 집으로 나른 후 포장을 풀고 제자리에 놓는 일을 하지 않기 위해 그것을 팔거나 사람들에게

줘버린다. 다시 한 번 강조하는데, 나는 이사를 아주 싫어한다.

한번은 내가 아주 큰 실수를 하였다. 말하건대, 이것은 순전히 실수였다. 그것은 분명 다시는 하지 말아야 할 실수였다. 남선교회에서 강사를 초청하였는데, 그 집회가 우리 집의 이삿날과 겹치는지 모르고 일정을 잡은 것이다. 일정은 완전히 겹쳤다.

나는 잘못을 만회하기 위해 아주 훌륭한 계획을 세웠다. 그것은 우리 집의 이사를 도와줄 이삿짐센터 직원 두 명을 고용하는 것이었다. 나는 그렇게 두 사람에게 이사를 맡기고 집회가 끝나자마자 집에 와서 마무리를 도와줄 생각이었다. 괜찮은 계획처럼 들리지 않는가? 나는 이것이 완벽한 계획이라고 생각했다. 이것이 나의 첫 번째 실수였다.

카렌에게 이 상황과 나의 훌륭한 해결책을 조심스럽게 설명하자, 그녀는 나에게 이사를 신경쓰지 말고 남선교회 집회에 참석하라고 하였다. 예상치 못한 그녀의 차분한 대응에 놀랐지만, 나는 허락을 받았다는 안도감에 자리를 떴다. 그런데 이것이 두 번째 실수였다.

잠시 후 나의 행동을 다시 심사숙고하고 아내의 차분한 반응을 분석한 후, 나는 이 모든 것이 눈에 보이는 것처럼 평화로운 상황은 아니라고 결론을 내렸다. 나는 이사를 다른 사람에게 맡기고 남선교회 집회에 참석하는 것이 그다지 좋거나 분별력 있는 행동은 아니라고 판단하였다.

나는 잠시간 스스로를 돌아본 후 용기를 내어 아내에게 갔다. 그리고 겸손하고 부드럽게 그날 이사를 돕기 위해 집회에 가지 않겠다고 말했다. 그런데 아내는 또다시 나에게 집회에 가라고 하였다. 그리고 나는 조금의 망설임이나 고민도 없이 "알겠어!"라고 대답하였다. 이것이 세 번째 실수였다. 이야기가 어떻게 흘러갈지 보이는가?

나는 아주 짧은 시간 동안 행복한 결혼생활을 영위하기 위해 지켜야 할 기본적인 규율들을 여러 번 깨뜨렸다. 내가 생각도 없이, 뉘우침도 없이, 심지어 아주 기쁘게 "알겠어!"라고 이야기한 것이 그녀를 한계치 밖으로 몰아붙인 것이다.

남자들이 결혼생활에 대해 무의식적으로 알고 있는 것 중 하나는 (그것은 마치 날 때부터 어떤 특별한 비법을 가지고 태어나는 것과 같다) 절대로 아내를 한계치 근처에도 데리고 가면 안 된다는 것이다. 실망과 낙담, 언짢음의 한계 말이다.

나는 그저 한계치의 냄새만 맡을 정도로만 가까이 가도 남편들에게는 재앙일 수 있다는 것을 실패를 통해 알게 되었다. 결혼한 남자들이라면 내 말이 무슨 뜻인지 잘 알 것이다.

그리고 내가 여러 번 고통스러운 대가를 치르고 나서야 발견한 것은, 이 한계치가 매일매일 이동한다는 것이다. 한계치는 위치가 계속 바뀐다. 당신이 잠자고 있는 동안 이것이 스스로 옮겨가는 것이다. 그리고 당신이 일을 하고 있을 때에도 이동한다. 이것은 어떻게 보면 정말 부당하며, 남자들에게 매우 어려운 점이기도 하다. 이 한계치는 계속 진화하며, 아무런 경고 없이 아무데서나 아무 때고 튀어나올 수 있다. 그야말로 계속 움직이는 것이다.

예를 들어, 당신이 저녁식사 자리에서 아주 완벽한 대화를 하고 있다가도 갑자기 '펑!' 하고 터진다. 식당 한복판에서도 이 한계치는 갑자기 어디에선가 나타난다. 당신이 미처 그것을 알아차리거나 상황을 수습할 새도 없이 그녀는 갑자기 한계치까지 가게 된다. 이때가 되면 이미 늦었다. 그리고 상황이 정상으로 되돌아오기까지는 며칠, 때로는 몇 주까지 걸리기도 한다.

어쨌거나, 그날 나는 아내의 한계치를 보았다. 그것은 내가 성급하고도 단순하고 또 순진하게 "알겠어!"라고 했을 때, 갑자기 나타났다.

나는 아내를 한계치 훨씬 너머로 밀어 버린 나머지 다시 데리고 올 수조차 없게 되었다. 내가 그것을 어떻게 알았겠는가? 아내가 나를 무섭게 노려보았다. 당신도 알지 않는가? 그 영혼 없는 죽음의 눈빛 말이다. 나는 덜컥 겁이 났다.

순간 아내에게 영혼이 없는 것처럼 느껴졌다. 그때만 생각하면, 나는 지금도 두려워 떤다. 그녀의 차가운 표정이 내 마음에 영원히 각인되었다. 그리고 그와 더불어 '침묵'도 임했다. 아내의 이 두 가지 반응이 하나의 패키지로 왔다. 나는 나에게 화가 임했음을 깨달았다. 삶의 불이 꺼졌고, 내가 할 수 있는 것은 아무것도 없었다.

단 몇 초간의 짧은 시간이었지만, 마치 나는 공포영화를 보는 것만 같았다. 그녀의 귀가 뾰족해졌으며, 송곳니가 입 밖으로 자라났고, 머리에서 뿔이 났다. 그녀의 파란 눈은 아주 무섭도록 어둡게 변하였고, 그녀의 혀가 갈라졌다. 그리고 눈 깜짝할 새에 그녀의 손톱이 10센티미터나 자라났다.

나는 살아남기 위해 속으로 예수님의 이름을 되뇌기까지 했다. 그러나 아무것도 바뀌지 않았다. 나는 하나님의 신적인 개입을 구하며 마음속으로 부르짖었다. 나에게는 하나님의 도우심이 필요했다. 하나님께 자비를 베풀어 달라고 빌었지만, 하늘은 굳게 닫혀 있었다. 아무런 응답을 받지 못했다. 그 어떤 응답도 말이다. 마치 예수님께서 끝장을 보시고자 하는 것 같았다.

나는 오직 소수의 사람들만이 살아 돌아올 수 있는 깊고 어두운 심연의 세계로 들어가게 된 것을 알았다. 그곳은 남자들이 배려심 없이 정신 나간 행동으로 아내들에게 고통을 주었을 때 가게 되는 곳이다. 그곳은 '멍청이 마을'이다. 그렇다. 바로 그날 나는 그 마을로 들어가는 열쇠를 받았고, 그 마을의 귀빈이 되었으며, 심지어는 일일 시장의 자리에까지 올랐다.

이 지경이 되어서는 상황을 회복시키기 위해 내가 할 수 있는 것은 아무것도 없다. 나는 더 이상 피할 곳이 없었다. 혹시 내가 이사를 얼마나 싫어하는지 언급하였는가?

예수님도 이사하셨다

예수님께서도 이삿날이 있었다는 것을 아는가? 마가복음 16장은 예수님의 '이삿날'을 기록하고 있다. 예수님께서 하늘로 올라가셨을 때, 주님은 그분의 거처를 이 땅에서 천국으로 영원히 옮기셨다. 그분이 본향으로 돌아가신 것은 인류 역사에 있어서 큰 전환점이었다. 이제는 절대로 육신을 입고 이 땅에서 살지 않게 되신 것이다. 주님은 더 이상

이 땅을 고향이라 부르시지 않게 되었다. 그것은 이러한 방식으로 진행되었다.

동이 트면서 평범해 보이는 갈릴리 지역의 어느 뜨겁고 습한 날이 시작되었다. 성읍은 아이들이 뛰노느라 분주하였고, 장터는 시끌벅적하였으며, 사람들은 각자의 길을 가고 있었다.

예수님의 부활 이후 40일이 흘렀고, 그날도 예수님은 전에도 그러셨던 것처럼 제자들을 만나셨다. 다른 날처럼 이날의 모임도 별 문제가 없어 보였다. 모든 것이 정상적이었고 여느 때와 같아 보였다.

그러나 그날, 예수님의 계획은 다른 날과는 완전히 달랐다. 이날이 40일째 되는 날이었다는 것이 중요하다. 하나님의 달력에 의하면, 예수님의 부활 후 40일째 되는 날이 그분의 이삿날이었다. 이 땅에서 육신으로 사역하시는 때가 다 끝나가기에, 예수님께서는 짐을 싸서 떠나려 하셨다.

14절에 예수님께서 마지막으로 식사 중이던 열한 제자들에게 나타나셨다. 주님은 솔직하고 분명하게 그들이 무엇을 하기 원하시는지 말씀하셨다.

보통 누군가가 오랜 기간 여행을 가거나 혹은 아끼던 사람이나 친구가 죽게 되면, 모두가 그 사람이 마지막으로 어떤 말을 남기고 떠났는지 궁금해한다. 사람들의 마지막 말은 그들이 마음속으로 중요하게 여겨 온 것이 무엇인지 보여 주기 때문에 중요하다. 사람들은 친구나 사랑했던 사람들이 자신의 지시를 받아들이고 이해하기를 원한다. 마지막 말을 듣게 되는 것은 떠나는 사람뿐만 아니라 그 말을 듣게 되는 사람에게도 매우 중요한 일이다.

이때가 예수님이 이 땅에서 그들에게 마지막으로 지시하시는 때가 될 것임을 제자들도 미처 알지 못했다.

꾸짖음으로 시작하시다

> 그 후에 열한 제자가 음식 먹을 때에 예수께서 그들에게 나타나사 그들의 믿음 없는 것과 마음이 완악한 것을 꾸짖으시니 이는 자기가 살아난 것을 본 자들의 말을 믿지 아니함일러라 (막 16:14)

예수님의 첫마디는 엄격하고도 날카로웠다. 예수님께서는 그분이 죽은 자 가운데서 살아나셨다는 소식을 믿지 않은 것을 부드러우면서도 단호하게 꾸짖으셨다(막 16:14).

그들의 믿음 없음에 예수님은 놀라셨다. 기억하라. 이때는 예수님이 부활하시고도 40일이 지났던 시점이다. 그런데 예수님께서는 왜 제자들을 다시 꾸짖으신 것일까? 아마도 그들의 삶과 사역, 그리고 하나님 나라 안에서의 믿음의 중요성과 역할을 다시 한 번 강조하려고 하신 듯하다. 예수님께서는 오직 믿음과 사랑으로만 하나님의 뜻을 이룰 수 있다는 것을 그들에게 상기시켜 주셨다. 주님은 믿음이 없이는 그들이 아무 능력이 없고 세상에 전혀 영향을 끼칠 수 없음을 알고 계셨다.

레이저처럼 정확한 교정 후 예수님께서는 하나님 나라에서 그들이

해야 할 일을 명하셨다. 주님은 이렇게 정리해 주셨다. "나의 증인이 되라. 나의 복음을 전 세계에 전파하라. 그리고 제자를 삼으라. 그러나 아직 아무 데도 가지 말라. 우선 이곳 예루살렘에서 내가 너희에게 말하여 준 약속이 임하기를 기다리라"(막 16:13, 마 28:19-20, 눅 24:49). 주님의 말씀은 아주 명확하며, 우선순위가 분명하고 간결하다.

우리는 결국 예수님이 하신 모든 말씀이 아주 중요했음을 알고 있다. 주님은 이 모든 것을 제자들에게 단기간에 속성으로 주지시키셨다. 그것은 아주 귀한 말씀이었다. 예수님의 명확한 화법은 시간이 급박하며 매 순간이 아주 중요함을 강조하였다. 예수님께서는 더 이상 제자들과 물리적으로 함께하지 않으실 것이기 때문에, 의도적으로 그들을 새로운 삶에 대비하여 준비시키는 중이셨다.

예수님께서 제자들에게 그들의 새로운 책무를 말씀하실 때만 해도, 그 누구도 이후에 어떤 일이 일어날지 알지 못했다. 제자들은 그저 앉아서 음식을 먹으며 예수님이 하시는 말씀을 듣고 있었다. 그러나 그 찰나에 상상하지도 못했던 일이 일어났다. 아무런 경고도 없이, 카운트다운도 없었고, 작별인사를 나눌 시간도 충분히 갖지 못하였으며, 마지막으로 안아줄 시간도 없이 갑자기 예수님께서 기적적으로 위로 올라가기 시작하셨다. 그분의 발이 지면에서 떨어지면서 공중으로 올라가셨다(막 16:14-19).

예수님께서 하늘로 올라가실 때에 제자들은 그저 놀라움과 경이로움으로 그 광경을 바라보았다(행 1:9). 아주 잠깐 사이에 예수님은 그들의 시야에서 완전히 사라지셨다. 그렇게 이 땅에서의 예수님의 시간은 끝이 났고, 주님은 그 다음 일들을 위해 나아가셨다.

> 축복하실 때에 그들을 떠나 하늘로 올려지시니 (눅 24:51)

> 주 예수께서 말씀을 마치신 후에 하늘로 올려지사 하나님 우편에 앉으시니라 (막 16:19)

이때 물리적인 결별이 일어났다. 예수님과 제자들이 서로 '떨어진' 것이다. 놀랍지 않은가! 바로 이때부터 예수님께서는 육신으로는 제자들과 함께하지 않으셨다. 주님께서 떠나신 것이다!

그러나 예수님은 제자들을 홀로 내버려 두실 분이 아니다. 곧 그들이 새로운 임무를 수행할 수 있도록 성령님을 보내셔서 채워 주시고 능력을 주실 것이다(요 14:16-18, 행 2:1-4).

모든 이사가 그렇듯, 그 이후로 모든 것이 달라졌다. 주소가 변경될 때에는 언제나 새로운 환경과 경험과 책무가 따른다. 예수님과 제자들 모두에게 새로운 책무가 부여된 것이다. 하나님 나라 안에서 큰 변화가 임했다.

예수님이 이 땅에 사시는 동안에는 가르침, 치유, 설교 등 대부분의 사역을 직접 하셨다. 그런데 예수님의 승천은 그분을 새로운 자리에 앉혀 드리고, 그분의 역할과 사역의 장소를 바꿔 놓았다. 그분의 이사는 제자들의 책무도 바꿔 놓았다. 이제 제자들은 새로운 차원의 권세와 신뢰 속으로 던져진 것이다. 주님께서 다 하시는 대신 이제 그분의 제자들을 통해 행하시는 것이다.

예수님의 이사는 모든 것을 바꾸어 놓았다. 모든 것을 말이다.

03 | He sat down

앉으시다

"만일 내게 무슨 일을 하기 위해 태어났느냐고 묻는다면,

나는 큰 영향을 끼치는 삶을 살기 위해 태어났다고 말할 것이다."

_ 에밀 졸라

| 하늘로 올려지사 하나님 우편에 앉으시니라 (막 16:19)

지금까지 우리는 예수님의 놀라운 승천에 대해 많은 설교와 가르침과 메시지들을 들어 왔다. 그러나 나는 예수님의 '앉으심'에 대한 설교는 한 번도 들어 본 적이 없다.

당연히 우리는 "올려지사"라는 구절에 경외감을 가지고 주목해야 한다. 그리고 사실 예수님의 승천하심은 우리의 구원과 거룩에 있어서

필수조건이다. 그러나 예수님께서 승천하신 후에 어떤 일이 일어났는지도 잊지 말아야 한다. 예수님께서는 하늘에 오르신 후 하나님 우편에 앉으셨다.

어쩌면 당신은 우리가 왜 이 단어에 주목해야 하는지 의아해할 수도 있다. "그것이 뭐가 그리 중요한가요?"라고 묻는다면, 나는 "아주 중요합니다. 왜냐하면 그것이 곧 전부이기 때문입니다!"라고 대답할 것이다. 단순하지만 간과되기 쉬운 이 사건이 모든 것을 바꾸어 놓았다. 사실 기독교가 오늘날까지 이른 것과 그 역할을 감당하고 있는 것도 이 구절 때문이다. "앉으시니라."

예수님께서 왜 천국에서 앉으셨는지 성경은 두 가지 이유를 든다. 첫 번째, 예수님께서 이 세상의 죄를 위해 그분의 피와 생명을 드리심으로 이 땅에서의 임무와 역할을 용맹하게 마치셨기 때문이다.

제사의 한계

구약에서 레위 제사장들의 역할은 반복적으로 계속되어야 했다. 이스라엘의 죄악을 위해 속죄제를 드리는 수고는 계속 진행되었으며, 결코 완결되지 못했다. 말할 필요도 없이 제사장들은 막중한 책임을 져야 했다. 그들은 매일 주 하나님께 비둘기, 염소 그리고 양들의 피를 드림으로, 말 그대로 수백 번의 제사를 드려야만 했다. 그들은 쉴 틈도 없었을 것이다.

> 제사장마다 매일 서서 섬기며 자주 같은 제사를 드리되 이 제사는 언제나 죄를 없게 하지 못하거니와 (히 10:11)

보았는가? 이 제사장들은 "매일, 자주" 인간의 죄를 속하기 위해 서서 피의 제사를 드렸다. 왜 그래야 했을까?

백성이 드린 희생의 축복은 일시적이었기 때문이다. 그 값이 충분치 않았기 때문에 그 혜택도 단기적이었다. 매일매일 그 희생은 효력을 잃었다. 따라서 제사장의 수고는 계속되어야 했다.

더 나아가서 하나님께서는 이러한 시스템을 기뻐하지도, 만족해하지도 않으셨다고 성경은 분명하게 말하고 있다. 이 제사 시스템은 인류의 죄 문제를 영구히 처리하기에는 터무니없이 부족했다.

> 위에 말씀하시기를 주께서는 제사와 예물과 번제와 속죄제는 원하지도 아니하고 기뻐하지도 아니하신다 하셨고 (히 10:8)

> 제사장마다 매일 서서 섬기며 자주 같은 제사를 드리되 이 제사는 언제나 죄를 없게 하지 못하거니와 (히 10:11)

> 이는 황소와 염소의 피가 능히 죄를 없이 하지 못함이라 (히 10:4)

위 구절들이 보여 주듯이 구약의 제사 시스템은 많은 면에서 부족했다. 그랬기 때문에 문제도 많았으며, 수정하는 정도가 아니라 완전히 대체되어야 했다. 그 해결책은 무엇일까?

예수님의 희생

> 하나님이 세상을 이처럼 사랑하사 독생자를 주셨으니 이는 그를 믿는 자마다 멸망하지 않고 영생을 얻게 하려 하심이라 (요 3:16)

예수님의 단 한 번의 희생에 인류의 죄를 강권적으로 처리하고, 하나님의 심판을 영원히 잠잠케 하는 능력과 효력이 있었으며, 지금도 그러하다. 예수님께서는 그때나 지금이나 유일한 해결책이시다!

잠시 심호흡을 한 번 크게 하기 바란다. 그리고 예수님의 순종의 위대함을 한 번 묵상해 보자. 십자가에서의 순전한 희생과 부활하심이 이 세상 전 인류의 구원에 대한 대가를 지불하였다. 우리 개개인의 큰 죄의 빚이 예수님의 생명으로 완납된 것이다. 이제 믿는 자들은 깨끗이 죄를 용서받고 의롭게 되며, 온전하고 새롭게 완전히 용서받은 채로 하나님 앞에 서게 되었다. 이것이 바로 '복음'인 것이다.

또한 예수님의 제사가 완전하였기 때문에 이 세상의 죄를 위해 다시 희생하실 필요도 없다. 이제는 사람의 죄를 위하여 제사를 드리는 제사장은 필요하지 않게 되었다. 예수님은 도살장으로 끌려간 흠 없는 어린 양(사 53:7)이셨고, 우리의 큰 대제사장이 되시기 위해 영원히 부활하셨다.

> 그러므로 우리에게 큰 대제사장이 계시니 승천하신 이 곧 하나님의 아들 예수시라 우리가 믿는 도리를 굳게 잡을지어다 (히 4:14)

다 이루었다

예수님이 십자가에서 마지막으로 하신 말씀은 "다 이루었다"이다(요 19:30). 이 말에 해당하는 헬라어는 '테텔레스타이'tetelestai 로, 말 그대로 정말 다 끝났음을 의미한다.

예수님 시대에는 많은 이들이 일상 중에서 이 '테텔레스타이'라는 말을 사용하였다. 예를 들어, 어떤 종이 그의 주인에게 "당신이 나에게 맡기신 일을 내가 다 마쳤습니다"라고 말할 때 이 단어를 사용한 것이다(요 17:4 참조).

더 나아가 헬라어에서 테텔레스타이는 완료형이다. 그러므로 본문의 온전한 의미는 "다 이루었으며, 이제 다 완료되었다. 따라서 이제 영원히 완료된 채로 있을 것이다!"이다.

십자가에서 이렇게 외치셨을 때, 예수님께서도 같은 말씀을 하신 것이다. "나에게 맡겨진 일을 내가 이루었다. 그리고 이 일은 영원히 이루어진 채로 있을 것이다. 다 끝났다! 나의 임무를 완수했다."

우리는 이 진리를 온전히 취해야 한다. 이제 예수님이 하셔야 할 일은 더 이상 남아 있지 않다. 예수님께서는 그분의 임무를 완료하셨다. 율법의 모든 요구사항을 만족시키셨고, 그렇기 때문에 하늘로 올라가신 후 앉으신 것이다.

> 이는 하나님의 영광의 광채시요 그 본체의 형상이시라 그의 능력의 말씀으로 만물을 붙드시며 죄를 정결하게 하는 일을 하시고 높은 곳에 계신 지극히 크신 이의 우편에 앉으셨느니라 (히 1:3)

> 오직 그리스도는 죄를 위하여 한 영원한 제사를 드리시고 하나님 우편에 앉으사 (히 10:12)

> 이기는 그에게는 내가 내 보좌에 함께 앉게 하여 주기를 내가 이기고 아버지 보좌에 함께 앉은 것과 같이 하리라 (계 3:21)

예수님의 희생과 죽음이 완전하고 온전히 이루어졌다는 것은 매우 기쁜 소식이다! 이제는 더 이상 죄를 위한 제사를 드릴 필요가 없다. 예수님께서 흠 없는 마지막 제사가 되셨다. 다 이루어졌다.

그리고 예수님께서 앉으신 두 번째 이유이자 이 책의 주 내용은 이것이다. 예수님께서 앉으셨을 때, 제자들에게 이런 메시지를 보내신 것이다. "이 땅에서의 내 육신의 사역, 설교하고, 가르치고, 기적을 행하고, 병든 자에게 손을 얹고, 긍휼을 베푸는 일들은 이제 끝났다. 나는 다 이루었다. 이제 너희가 나가서 그 일들을 행할 차례이다."

잠시 멈추고 이 말씀을 자세히 들여다보라. 단어 하나하나를 집중해서 보라. "나는 다 마쳤다. 이제 너희가 나가서 행할 차례이다."

앞에서 언급한 것처럼, 나는 일생 동안 예수님께서 앉으신 이유로 이 점을 거론한 설교를 들어 본 적이 없다. 그러나 이 개념은 논리적으로나 영적으로 올바른 관점을 가지고 있다.

잔디 깎기

얼마 전까지도 우리 가족은 시골에서 살았는데, 우리 집 정원은 매우 넓었다. 나는 매주 약 4천 제곱미터 정도의 잔디를 깎아야 했다. 그것은 아주 힘든 일이었다. 특별히 뜨겁고 습한 미국 남부의 여름에는 말이다.

내가 해야 할 분량을 다 마치면, 나는 집으로 들어가 무언가 마실 것을 꺼내 들고 자리에 앉은 뒤에 휴식을 취하곤 했다. 내가 해야 할 분량은 다 끝난 것이다. 그러고 나면 나의 두 아들이 나머지 잔디 깎는 일을 했다. 내가 다 깎고 나면, 이제 아이들이 나가서 깎아야 할 차례인 것이다. 그들은 나가서 예초기로 차량 진입로 등 정원의 가장자리를 다듬는다. 마무리를 짓는 것이다.

예수님께서 이 땅에서 그분의 일을 다 마치시고 하나님 우편에 앉으셨음에도 그분의 임무는 계속된다. 그 임무는 하나님의 아들, 딸들에 의해 계속 행해지는 것이다.

예수님께서는 이 땅에서의 사역을 그분을 따르는 자들에게 넘겨주시는 때가 올 것을 처음부터 알고 계셨다. 예수님께서 그분의 일을 계속해서 행할 수 있도록 제자들을 훈련시키고, 양육시키고, 준비시킬 시간은 3년뿐이었다. 그러므로 주님께서 함께할 열두 명의 제자를 기도하시며 손수 고르신 것이다(눅 6:12-13).

예수님께서는 한날한시도 낭비하면 안 된다는 것을 아셨다. 유대 달력은 1년이 360일로 이루어져 있는데, 예수님께서는 1,080일 동안 자신의 생명을 조심스럽게, 그리고 전심을 다해 믿는 자들에게 부어 주셨다. 예수님께서는 그들과 함께 걸으시고, 그들과 함께 드셨으며, 그들과 함께 주무셨다. 예수님과 제자들은 한 무리로서 같이 울고, 웃고, 슬퍼하고, 행하였다. 이처럼 예수님과 제자들은 모든 것을 함께하였다.

예수님께서는 자신이 하늘로 올라가셔서 하나님 우편에 앉으시는 날을 대비하여 제자들을 준비시키고자 하셨다. 첫 제자 그룹이 되어 예수님과 함께 매일의 일상을 같이한다는 것은 얼마나 즐거운 모험이었을까? 그분이 말씀하시는 것을 직접 듣고, 그분의 눈을 바라보며 그분의 긍휼을 느낄 수 있는 특권, 그분이 화가 나셔서 성전의 탁자들을 뒤엎으시는 것을 바라보는 것은 어떤 느낌일지 상상해 보라. 그들은 심지어 친구였던 나사로의 무덤에서 공개적으로 우시는 예수님을 볼 수 있는 특권을 누렸다.

예수님이 기도하시는 것을 직접 듣고, 예수님이 갈릴리 호수에서 걸으시는 모습을 보고, 그분이 웃으시는 것을 보고 듣고, 그분이 어떻게 말씀하시는지, 또 그분의 어머니와 어떻게 지내시는지를 본다는 것은 어떤 기분일까? 열두 제자는 이 모든 것을 포함하여 그 이상을 경험할 수 있었다.

매일매일이 놀라운 일들로 가득 차 있었다. 예를 들어, 제자들은 예수님이 당시의 종교적인 열성분자들을 대적하시는 모습을 가까이서 보았다. 예수님께서는 그들의 위선과 이중성을 꾸짖으셨다. 예수님께서 수차례 종교 지도자들을 화나게 하신 나머지, 그들은 예수님과 제자들을 다 죽이고 싶어 하였다. 예수님께서는 다른 랍비들과는 확연히 달랐으며, 모든 면에서 특별하셨다.

예수님의 단순한 말씀들은 가장 지위가 높고, 학식이 높으며, 정치력 있는 사람들마저도 어리둥절하게 하였다. 그분이 말씀하실 때에 드러나는 권위와 교양은 겸손한 자들의 마음을 열었으며, 동시에 바리새인과 사두개인들을 당혹하게 하였다. 예수님의 지혜의 탁월함은 그분에게 가장 완고했던 적들마저도 놀라게 만들었다.

예수님께서는 모든 상황에서 어떻게 하나님을 높이고 사람들을 사랑하는지 본을 보이셨다. 예를 들어, 예수님께서 문둥병자를 만지셨을 때, 제자들에게 그것은 상상조차 할 수 없는 행동이었다. 계속해서 예수님께서는 사랑받지 못하는 자들을 사랑하는 것이 어떤 것인지, 사회로부터 버림받은 자들을 돌보는 것이 어떤 것인지를 몸소 보여 주셨다.

나아가서, 제자들은 용서와 자비가 온전하고 충만하게 드러나는 것을 일상적으로 보았다. 사람들이 간음 현장에서 잡힌 여자에게 돌을 던지려 할 때, 예수님께서는 땅에 무언가를 쓰셨다. 주님께서는 그녀를 용서하시며 "이제 가라. 그리고 더 이상 범죄치 말라"고 말씀하셨다.

그리고 예수님은 하나님과 어떻게 대화하고 또 효과적으로 기도할 수 있는지를 가르쳐 주셨다. 아버지와 생생한 사랑의 관계를 맺는 것의 중요성을 강조하신 것이다. 그리고 이러한 관계는 껍데기뿐인 종교적 형식을 지키거나 율법과 규율에 묶여 사는 것이 아님을 계속해서 강조하셨다. 예수님께서는 하나님 아버지와 하나가 되는 단순함의 본을 보이셨다. 이러한 개념 자체가 그들에게는 낯선 것이었다.

그들은 예수님과 같은 분을 한 번도 보지도, 듣지도 못했었다. 그분은 전혀 딴 세상 사람인 것처럼 완전히 다르셨다. 그분은 육신으로 오신 하나님 자체이셨다.

제자들은 나인성 과부의 아들(눅 7:11-17)이나 회당장 야이로의 딸(막 5:22-43)의 경우처럼 죽은 몸에 생명이 들어가는 것을 수차례 목격하였다. 예수님께서 나사로의 무덤으로 가실 때, 제자들도 동행하였다. 그곳에서는 죽은 지 나흘이나 되어 시체 썩는 냄새가 나고 있었다. 육체가 부패하고 있던 것이 분명했다. 그들도 친구를 잃은 비통함으로 그 장면을 보고 있었다. 그리고 잠시 후 그들은 예수님께서 "나사로야, 나오라!"고 하신 단 한마디에 나사로가 부활의 권능으로 생명이 충만케 되어 일어나는 것을 보고 깜짝 놀랐다.

제자들은 예수님과 여정을 함께 보내며 놀라운 기적들을 보았다. 보지 못하는 자, 듣지 못하는 자가 치유되는 것을 보았다. 그리고 예수님께서 물 위를 걸으시는 것, 성난 바다를 잠잠케 하시는 것을 보고 놀라워했다. 예수님께서 떡 다섯 개와 물고기 두 마리를 취하셔서 2만 명을 먹이시는 것을 보고 그들은 입을 다물지 못했다. 옛 선지자들이 꿈만 꿔왔던 장면, 하나님의 영광이 온전하게 드러나는 것을 직접 경험한 것이다.

제자들은 예수님의 권세에 놀라워했다. 그분의 부드러움은 타의 추종을 불허하였을 뿐만 아니라 전염성까지 있었다. 예수님은 매일 온전한 은혜와 사랑을 보이셨다. 예수님은 그들 중에 거하시는 전능하신 하나님이셨다.

말할 필요도 없이 예수님의 가르침은 모든 차원에서 제자들에게 도전이 되었다. 때때로 그들은 예수님의 비유를 이해하지 못한 나머지 그분의 의도를 의아해했다. 그리고 종종 그들에게 많은 것이 요구되기도 했다. 예수님께서는 모든 것을 버리고 그분을 따르는 것의 중요성을 강조하셨다(눅 9:23-26).

예수님께서 열두 명의 제자들을 선택하실 때, 지상에서의 그분의 임무가 일시적인 것임을 이미 알고 계셨다. 매일 아침 동이 틀 때마다, 예수님께서는 자신의 일을 제자들에게 의탁해야 할 날이 빠르게 다가오고 있음을 인지하셨다. 다만 제자들은 이것을 모르고 있었다.

그랬기 때문에 예수님은 이 땅에서의 3년간의 고된 사역기간 동안 그분의 전부를 자신을 따르는 자들에게 지속적으로 부어 주셨다. 때때로 예수님께서는 제자들과 더 깊은 교제를 나누시기 위해 군중을 외면하거나 떠나곤 하셨다. 그렇게 하심으로 자신이 이 땅을 떠나신 후에 제자들이 그분의 일을 계속해서 이어나갈 수 있도록 그들 모르게 그들을 격려하고 준비시키셨다.

신약에는 예수님께서 제자들을 몹시 사랑하시고, 그들과의 관계를 소중히 여기셨음이 잘 나타나 있다(요 17:6-26). 예수님은 얼마 뒤 자신이 부활하신 후에 사랑하는 제자들이 치열한 영적 전쟁의 한가운데에 던져지게 될 것을 아셨다. 제자들에게 그것은 결코 쉽지 않을뿐더러 큰 희생이 요구되는 것이었다. 또한, 요한을 제외한 모든 제자가 다 자신 때문에 죽임을 당할 것을 아시고, 그 마음의 짐을 가슴 깊이 간직하셔야 했다. 그러므로 예수님은 앞으로 임할 전투와 도전들을 잘 감당할 수 있도록 제자들을 준비시키는 일에 집중하셨다.

마지막 명령

모든 운동선수는 대회에 나가기 직전 감독으로부터 '격려'를 받는다는 것이 어떤 느낌인지 알고 있다. 대기실의 선수들은 모두 '격려의 연설'에 귀 기울인다. 감독은 마지막 지시와 승리를 위한 전략을 전달한다. 이것은 정말이지 위대한 순간이다.

이 땅에서의 삶의 마지막 순간에 예수님은 제자들에게 울림이 있는 말씀을 하셨다. 그것이 바로 지상 대명령The Great Commission인 것이다. 예수님께서는 교회가 어떻게 복음을 전파해야 하는지 말씀하셨다. 그리고 하나님 나라 안에서 제자들이 맡게 될 역할들을 말씀하셨다. 그것이 바로 예수님이 하신 '선수 대기실 연설'이자 그분의 경기 전략이었다.

메리엄-웹스터 사전에 따르면 '명령'commission이라는 단어는 '누군가를 대신하여 무언가를 행할 수 있는 권한'을 의미한다. 예수님께서 제자들에게 마지막 말씀을 하실 때, 그들에게 큰 권세를 가지고 예수님을 대신하여 말하고 행하라고 명령하신 것이다. 다시 말해 예수님께서 제자들을 바라보며 "자, 이제 너희들이 해야 할 차례이다. 가서 내가 행했던 일들을 하라. 임무를 마치라!"고 말씀하신 것이다. 예수님께서는 하나님 우편에 앉으실 준비를 하고 계셨다.

이제 우리가 하자

그리스도의 몸 된 교회는 이 진리의 중요성을 붙잡아야 한다. 예수님의 이 땅에서의 사역과 일은 끝났다. 예수님은 그분의 책무를 완수하셨다.

예수님께서는 열두 제자에게 주셨던 것과 동일한 책무를 지금 우리에게도 주신다. 주님께서 나와 당신에게 동일한 책임을 전부 넘겨주셨다. 그분이 하셨던 일이 이제는 우리가 해야 되는 일이 되었다. 우리는 그분의 몸이고, 손이고, 목소리이며 또 그분의 소망이고 만지심이다. 우리가 없이는 세상은 멸망하게 된다.

그리고 교회는 예수님께서 자리에서 일어나셔서 이 땅에 사역하러 오지 않으실 것임을 인지해야 한다. 우리 일을 대신 해주시기 위해 돌아오지는 않으실 것이다. 예수님은 이미 앉으셨다!

위대한 하나님의 종으로서 댈러스의 제일침례교를 46년 동안 섬긴 W. A. 크리스웰은 다음과 같이 말하였다.

> 그분의 일을 대신할 손은 우리의 손밖에 없다. 그분의 증언을 대신할 혀는 우리의 혀

밖에 없다. 그 누구의 삶이나 어깨도 그 짐을 우리 대신 짊어질 만큼 강하거나 넓지 않다. 그리고 그 누구의 헌신도 우리의 헌신만큼 사람들의 마음속에 하나님 나라를 이룩하기에 충분치 않다. 그리고 우리의 기도와 섬김과 참여가 없으면, 교회는 죽게 된다. 그렇게 되면 선교도 죽게 되고, 증언도 죽게 되며, 간증도 죽게 되고, 사람들 마음속에서 하나님 나라도 죽게 된다.

바로 이 순간, 예수님께서는 그분이 시작하신 일을 교회가 마무리하기 원하신다.

04 | He sat down

슈퍼히어로

"큰 능력에는 큰 책임이 따른다."

_ 피터 파커(스파이더맨)

    당신이 제일 좋아하는 슈퍼히어로는 누구인가? 스파이더맨, 헐크, 원더우먼, 슈퍼맨, 루크 스카이워커, 원더독, 아이언맨, 인크레더블, 토르, 울버린, 배트맨, 플래시 중 누구인가?

    누구나 다 한 명쯤은 제일 좋아하는 슈퍼히어로가 있다. 당신은 누구를 가장 좋아하는가? 당신이 제일 좋아하는 슈퍼히어로가 저 중에 있는가?

    나에게는 똑같이 좋아하는 두 명의 슈퍼히어로가 있는데, 바로 슈퍼맨과 배트맨이다. 나는 이 두 명을 정말 좋아한다. 지금도 나는 그들의 사진이나 주제곡을 들으면 흥분된다. 혹은 "새가 날아가요! 아니, 비행기에요! 아니, 슈퍼맨이에요!"(영화 수퍼맨의 명대사 – 역자 주) 같은 대사나 배트맨과 로빈이 악당들을 처치할 때, '콰쾅!' '빵!' '콰직!'과 같은 단어들이 화면에 나타나면 흥분된다. 그런 만화나 영화들을 보며 초콜릿칩 쿠키와 우유를 함께 먹으면, 그만한 즐거움이 없다.

모두가 다 슈퍼히어로를 좋아한다. 그 이유를 아는가? 많은 이유 중 하나는 슈퍼히어로들이 문제를 해결하기 때문이다. 그들은 잘못된 일들에 개입해서 그것을 바로잡아 놓는다. 그들이 있음으로 세상은 좀 더 안전한 곳이 된다. 바로 이러한 점을 우리가 좋아하는 것이다. 또한 슈퍼히어로들은 실패하지 않는다. 그들은 언제나 재앙이 고조되는 순간, 늦지 않게 나타나 위기 직전에 세상을 구한다. 그렇다! 영화든 만화책이든, 거의 모든 슈퍼히어로 스토리의 결론은 동일하다. 선한 자가 결국에는 이기는 것이다. 우리는 당연히 그런 결말을 기대한다. 그것이 바로 슈퍼히어로가 하는 일 아니겠는가?

하나님은 슈퍼히어로이신가?

내가 걱정하는 것은 대다수의 사람들이 하나님을 마치 슈퍼히어로처럼 생각한다는 것이다. 우리는 하나님께서 모든 일을 해결해 주시고, 잘못된 것을 바로 잡으시며, 우리의 행동이나 태도와 상관없이 마지막 순간에 나타나셔서 세상을 구해 주실 것이라고 기대한다. 하나님은 전능하시고, 사랑이 많으시며, 불가능이 없으신 분이기 때문에 자동적으로 그분의 능력과 뜻을 모든 상황에 개입시키실 것이라고 추측하는 것이다. 사실 그렇게 해야 하는 것이 신의 역할 아니겠는가? 특히나 전지전능한 신이라면 말이다.

지난 몇 년간 나는 너무도 많은 기독교인들이 이런 위험한 사고방식을 받아들이고 있음을 보았다. 이러한 사고방식의 문제점을 알려 주기 전에, 이것이 그리스도의 몸 된 교회에 끼친 두 가지 악영향을 이야기하고자 한다.

첫째, 이러한 사고방식은 오늘날 교회 안에 예수님의 사역에 대한 그릇된 이해를 가져왔다. 많은 경우, 사람들은 예수님께서 그분의 몸인 교회를 통해 이 세상에 무엇을, 어떻게 하시고자 하는지를 이해하지 못하고 있다.

둘째, 이러한 왜곡된 관점은 그리스도의 몸 된 교회의 다수가 예수님의 일에 동참하지 않는 데 지대한 영향을 끼치고 있다. 사람들이 하나님 나라를 위한 일에 동참해야 할 필요성을 느끼지 못하게 된 것이다.

이러한 생각들 때문에 우리의 문화와 세상에 악영향을 끼치는 새로운 신념이 생겨났다. 그것은 "우리가 어떻게 하든, 하나님의 뜻은 이 땅에서 이루어질 것이다"이다. 이 말을 다르게 해석하자면 "하나님께서 모든 것을 통제하시고 책임지시므로, 우리가 어떻게 하든 하나님께서 그분의 뜻을 반드시 이루실 것이다"라는 의미가 된다.

이러한 사고방식은 다음과 같은 생각으로 이어진다. '하나님은 하나님이시니, 하나님께서 마음먹지 않으시는 한 좋은 일이든, 나쁜 일이든 어떠한 일도 일어나지 않을 거야. 그렇기 때문에 아무것도 걱정할 필요 없어. 모든 것이 잘 될 거야.'

표면적으로 이 말은 맞는 말처럼 들릴 뿐 아니라, 신학적으로도 올바르게 보인다. 그러나 이러한 논리에는 두 가지 면에서 오류가 있다. 먼저 일단 이러한 논리에는 성경적 근거가 없다. 예를 들어, 하나님이 원치 않으셨음에도 나쁜 일들은 일어났다. 다윗과 밧세바 사건이나 이스라엘 백성이 광야에서 40년을 배회한 일, 롯의 아내가 소금기둥이 된 일 등이 그렇다. 두 번째는 이것이 과거나 현재의 현실과 맞지 않는다는 점이다.

하나님을 사회로부터 분리하기

세상에서 일어나는 모든 일이 다 하나님의 뜻이거나 하나님이 '허락하신 일'이 아님을 알 수 있게 해주는 현대사회의 예를 하나 들어 보겠다.

1963년 미국의 학교에서 기도를 금지한 일이 하나님의 뜻이라고 보는가? 아니다. 학교와 공공건물에서 '십계명'을 모두 없애도록 한 일은 또 어떤가? 이것도 하나님의 뜻이 아니었다. 이 두 가지 일이 우리 사회와 개인의 삶에 파괴적이고 끔찍한 영향을 끼쳤음을 누구도 부인하지 않을 것이다. 이 일들은 하나님의 뜻이 아니었다. 그럼에도 불구하고 이 일들은 일어났다.

그리고 1973년에는 '로 vs. 웨이드 사건'을 계기로 미 대법원이 낙태를 허용하였다. 이 결정으로 태중에 있는 무고한 아이들을 학살하는 행위가 합법화되었다. 과연 이것이 하나님의 뜻이었을까? 다시 말하지만, 아니다! 모든 일이 하나님이 원하시는 대로만 일어나는가? 아니다!

진실은 이렇다. 질병관리본부와 낙태를 지지하는 구트마커 연구소의 자료에 의하면, 1973년부터 5천만 명의 태아들이 태중에서 잔인하게 살해당함으로 생명을 잃었다.[1]

안타깝게도 이 소중한 태아들은 모두 하나님께서 심히 기묘하게 지으시는 과정 중에 있었다(시 139:14). 그러나 하나님께서 그들을 지으시던 중에 무자비하게 죽임을 당했다.

스스로를 지킬 수 없는 아이들을 죽이는 것은 과거에도, 앞으로도 절대로 하나님의 뜻일 수 없다. 그렇지만 이 일은 하나님이 반대하심에도 불구하고 일어났다. 지금도 하루에 3천 명이 넘는 아이들이 죽임을 당하고 있다.[2]

이것은 우리로 하여금 다음과 같은 질문을 던지게 만든다. "이러한 결정과 행동들을 하나님이 원하시거나 뜻하지 않으셨다면, 도대체 왜 일어나는 것인가?" "왜 이런 일들에 하나님께서 개입하지 않으시는가?" "왜 하나님께서는 그분의 뜻을 펼치셔서 세상을 구하는 '슈퍼히

---

1) Ertelt, Steven."55,772,015 Abortions in America Since Roe v. Wade in 1973."Lifenews.com. http://www.lifenews.com/2013/01/18/55772015-abortions-inamerica-since-roe-vs-wade-in-1973/.

2) Life Matters TV Program. "LMTV Abortion Counter Background."LifeMattersTV.org. http://www.lifemattertv.org/abortioncounters.html.

어로'의 역할을 하지 않으시는가?"

이에 대한 나의 대답은 이렇다. 첫째, 하나님께서는 사람과 정부와 나라들이 그들 스스로 결정하는 것을 허락하신다. 사람들은 로봇이 아니다. 우리는 자유의지를 가진 자들이다. 따라서 사람이 하는 모든 선택이 다 하나님 탓은 아니며, 그러한 결정들에 의한 결과에도 책임이 없으시다.

모든 사람과 나라가 다 각자의 의지를 가지고 그들이 생각하기에 가장 득이 된다고 생각되는 선택들을 한다. 어떤 선택들은 도덕적으로 선하겠지만, 안타깝게도 또 어떤 선택들은 그렇지 않다. 어떤 사람이 하나님 없이 살기로 선택한다면, 그들은 자신들이 보기에 옳다고 여기는 길을 가게 될 것이고, 결국 그 길은 그들을 죽음에 이르게 할 것이다(잠 16:25). 그리고 그 길을 가는 도중 그들이 하는 선택들은 다른 이들의 삶에도 영향을 끼칠 것이다.

이어서 "왜 하나님께서는 그분의 능력을 강권적으로 사용하셔서 이런 끔찍한 결정과 선택을 막지 않으시는가?"에 대한 나의 두 번째 대답은 이것이다. 하나님께서는 우리에게 의탁하시기 위해 이 세상을 만드셨다. 하나님의 백성들이 그분을 대신하여 행하고 선포하도록 말이다. 교회가 바로 하나님의 대사이다. 그렇기 때문에 이 어두운 세상에 빛이 되어 하나님의 뜻을 풀어내는 일은 우리에게 달린 것이다.

예수님께서는 제자들에게 이렇게 기도하라고 가르치셨다. "(하나님의) 나라가 임하시오며 뜻이 하늘에서 이루어진 것 같이 땅에서도 이루어지이다"(마 6:10). 그러므로 하나님의 백성이 두려워하거나 무관심하거나 침묵하거나 가만히 앉아만 있으면, 하나님의 뜻과 계획들은 이루어지지 않고 그분의 명령은 성취되지 않을 것이다. 또한 그에 따라 좋지 않은 결과들이 뒤따르고 창궐하게 될 것이다.

하나님은 어디에 계시는가?

그리스도의 몸 된 교회는 하나님께서 직접적으로 개입하셔서 그분의 심고 거두는 법칙(갈 6:8)을 뒤집으시는 일이 드물다는 현실을 인지해야 한다. 특별한 경우 하나님이 그렇게 하실 때, 우리는 그것을 '기적'이라고 일컫는다. 그런데 많은 교회에서는 공통적으로 하나님께서 그 길 중간이나 끝 어디가 됐든, 사람들의 행동과 의지를 넘어서 어떻게든 하나님의 뜻이 이루어질 것이라고 믿는다. 그러나 역사와 성경은 이러한 사고방식이 진리가 아님을 증명한다. 이런 신념을 가지는 것은 오류일 뿐 아니라 위험하기까지 하다.

다시 한 번 1960년대에 일어났던 일을 설명하겠다. 당시 미국뿐 아니라 교회도 큰 문화적 도전을 받았다. 역사를 되돌아보면, 그때 당시 교회가 마땅히 영향을 끼쳐야 할 이 사회에 맞서서 목소리를 높일 준비가 아직 되어 있지 않았었다는 것을 알 수 있다. 비판하려는 뜻은 아니지만, 지금 우리 사회에 만연한 도덕성의 추락은 잠들어 있는 교회 지도자들과 지역교회 및 성도들이 뿌린 씨앗의 결과라고 할 수 있다. 이 세대는 교회의 무관심과 연약함 그리고 단절의 열매를 거두고 있는 것이다.

많은 부분에 있어서 교회는 그저 조용히 외곽에서 하나님의 계획이 성취되기만을 지켜봐 왔다. 그랬기 때문에 많은 일들이 성취되지 않았다. 심지어 어떤 이들은 그 결과를 '하나님의 뜻'으로 받아들이기까지 했다. 그들의 논리대로라면, 하나님이 허락하시거나 뜻하시지 않는 한 아무 일도 일어나지 않기 때문이다.

잠든 교회들

어떤 면에서 우리는 우리가 처해 있는 비극적 현실에 적응하기 위해 하나의 우스꽝스러운 농담을 받아들여서 엄숙한 종교적 교리로 만들어 버렸다. 이런 슬로건들은 성경적으로 들릴지 모르지만, 우리의 만연한 도덕적 타락을 아무렇지 않게 받아들이고 그 책임을 하나님께 전가하게 만든다.

아래는 이러한 잠든 교회들의 위험하면서도 진부한 사고방식의 대표적인 예들이다.

"하나님께서 허락하시지 않는 한 그 어떤 일도 일어나지 않아."
"괜찮아. 하나님께서 해결하실 거야."
"하나님께서 모든 것을 책임지셔."
"모든 것은 하나님의 계획대로 이루어져."

"어떤 일이 일어나는 데에는 다 그만한 이유가 있어."

"그 일이 일어난 것은 분명 하나님이 그것을 원하셨기 때문일 거야."

이런 안이한 사고방식이 우리 세대와 교회에 전례 없는 차원의 혼란과 무관심과 단절과 냉담함을 퍼뜨렸다. 삶에 대한 이러한 사고방식과 접근은 이제 멈춰져야만 한다.

분명한 것은 하나님께서 우리를 통해 일하신다는 것이다. 따라서 우리가 일하지 않으면 하나님의 목소리와 영향력은 제한되고, 세상에는 악이 창궐하게 된다. 우리가 우리의 역할을 하지 않으면, 하나님의 뜻은 저지당하고 억제되고 만다. 교회는 이제껏 속아 왔고, 하나님의 일에 기여자가 되기보다는 방관자가 되었다. 그로 인해 우리는 잘못된 성취감과 안도감을 갖게 되었다.

부인할 수 없는 사실들

나에게 돌을 던지기 전에, 내가 하는 말을 이성적인 관점으로 바라보라. 베드로후서 3장 9절에 의하면, 하나님께서는 단 한 영혼도 멸망하는 것을 원치 않으신다. 그러나 지금도 세상 곳곳에서 수많은 사람들이 복음을 모른 채 죽고 있으며, 예수님이 계시지 않는 영원의 세계로 들어가고 있다. 더 나아가, 그렇게 멸망하는 사람들 중 다수는 심지어 제대로 복음을 접해 보지도 못한 사람들이다.

현재 세계 인구는 76억 명이다. 이중 31%인 약 23억 명의 사람들이 기독교 신자이다. 이것이 사실이라면, 나머지 69%인 51억 명이나 기독교인이 아니라는 이야기이다.3)

더 나아가, 인구의 42.2%는 선교학 학자들이 일컫는 미전도 종족에 속해 있다.4) 미전도 종족이란, 그들 스스로의 어떠한 자체적 교회도 없는 민족을 말한다. 그 민족의 나머지를 자신들만의 힘으로 스스로 복음화할 수 있는 신자가 부족한 민족이나 언어학적 그룹도 미전도 종족에 들어간다.5) 따라서 미전도 종족에 속한 사람들은 평생 복음을 들을 기회 자체가 매우 희박하다.

다음의 자료는 이러한 수치의 중요성을 보여 준다. 매년 5,530만 명의 사람들이 사망한다.6) 이 통계대로라면, 지난 1년 동안 사망한 사람 중 31%인 17,143,000명은 기독교인으로 죽어서 예수님과 함께하게 된 셈이다. 그러나 사망자 중 69%가 비신자라면, 38,157,000명의 사람들이 하나님의 심판에 미처 준비되지 못한 채 영원의 세계에 들어간 것이다.

가장 충격적인 점은 사망한 5,530만 명 중 42.2%가 미전도 종족에 속한 사람들이라는 것이다. 그러므로 23,336,600명의 영혼이 복음을

---

3) Pew Research Center. "The Future of World Religions: Population Growth Projections, 2010-20150." Pewforum.org. https://pewforum.org/2015/04/02/christians/.

4) Joshua Project. "Global Statistics." JoshuaProject.net. https://joshuaproject.net/global_statistics.

5) Wikipedia."Unreached People Group." Wikipedia.com. https://en.wikipedia.org/wiki/Unreached_people_group.

6) Ecology. "World Birth and Death Rates." Ecology.com. http://www.ecology.com/birth-death-rates/.

들어 보지도 못한 채 영원한 멸망으로 들어갔다고 할 수 있다.

이것을 또 다른 관점에서 보면, 다음과 같다. 이 지구상에서 매일 151,506명이 사망한다. 그런데 이들 중 31%가 기독교인이라면, 46,966명이 천국에 간다. 그리고 69%가 비기독교인이라면, 104,539명은 지옥을 경험하게 된다. 또한 이들 중 42.2%가 미전도 종족에 속해 있다면, 64,000명의 사람들이 예수님의 이름을 한 번도 들어 보지 못한 채 그분이 계시지 않는 영원의 세계로 들어가게 되는 것이다. 예수님께서 구원하시기 위해 기꺼이 희생하신 64,000명의 소중한 영혼이 일생 동안 제대로 된 복음을 한 번도 듣지 못하고 살았다는 것이 얼마나 슬픈 일인가!

이 수치들은 참으로 놀랍다. 어떻게 아직까지도 이런 일이 일어나고 있는 것인가? 예수님께서는 2천 년 전에 이미 '지상 대명령'을 우리에게 주셨다. 그림에도 불구하고 전 세계의 42.2%의 사람들이 예수님을 알 기회조차 없었다. 구세주를 받아들일 기회조차 없었던 것이다. 그리고 내일 아침에 일어나면, 또 다른 64,000명이 영원히 멸망받게 될 것이다. 이것은 결코 하나님의 뜻이 아니다!

오늘날 수많은 사람들이 소망 없이 살다가 죽는다. 그러나 이것은 하나님께서 그분이 하셔야 할 역할을 다하지 못하시거나 혹은 하나님께서 사람들이 영원히 멸망하기를 원하셔서가 아니다. 예수님께서는 모든 사람이 구원받기를 원하셨음을 잊지 말자. 주님은 그들 모두를 구원하시기 위해 모든 값을 다 치르셨다. 분명한 진리는, 우리가 우리의 역할을 하지 않고 있다는 것이다.

우리는 나가서 세상에 복음을 증거하고 전파하라는 부르심에 순종하지 않고 있다. 따라서 하나님의 활동과 영향력이 제한받고 있다. 우리의 소극적인 태도와 무관심과 불순종에 큰 영향을 받고 있는 것이다.

이러한 이야기가 극단적으로 들릴 수도 있겠지만, 하나님의 뜻이 온전히 이루어지는 것은 상당 부분 우리에게 달려 있다. 다시 한 번 말하지만, 성경과 역사 모두 이것을 증언하고 있다.

또 하나의 예

계속해서 다른 예를 들어 보겠다. 누구나 한 번쯤 복수가 찬 배, 초점 잃은 눈동자, 나약해진 몸으로 굶주려 죽는 아이들의 참혹한 사진을 본 적이 있을 것이다. 유엔은 매일 평균적으로 18,000명의 아이들이 기아와 영양실조로 죽고 있다고 보고하였다.[7]

이것을 그냥 흘려듣지 말고, 잠시 이 숫자의 크기를 한 번 이해해 보기 바란다. 이렇게 설명을 해보겠다. 이 숫자는 승객으로 가득 찬 점보제트기 60대가 매일 하늘에서 추락하는 것과 같은 수치이다. 무려 60대의 점보제트기이다. 이것이 믿기는가?

매년 650만 명의 아이들이 음식이 없어서 죽어간다. 매시간 750명의 소중한 아이들이 죽는다. 1분마다 열두 명의 굶주린 아이들이 죽는

---

7) USA Today. "18,000 Children Die Every Day of Hunger, U.N. Says." USAtoday.com. http://usa-today30.usatoday.com/news/world/2007-02-17-unhunger_x.htm.

다. 5초마다 한 명의 어린 생명이 사라지는 것이다. 내가 확신하는 것은 그 누구도 이것이 하나님의 뜻이라고 말하지 않을 것이라는 점이다. 아이들이 굶주려서 죽는 것은 결코 하나님의 뜻이 아니다. 그럼에도 불구하고 이 끔찍한 일은 끝날 줄도 모른 채 쉬지 않고 일어나고 있다.

그 누구도 이 소중한 아이들이 이토록 어린 나이에 죽는 것이 하나님의 뜻이라고, 혹은 하나님이 허락하신 일이라고 나를 설득할 수 없을 것이다.

우리는 타락한 세상에 살고 있으며, 이 세상에서는 하나님이 원치 않으시는 끔찍한 일들이 일어나고 있다. 하나님의 뜻이 아닌데도 말이다. 그렇다면 누구의 책임이란 말인가? 누구를 탓해야 하는가?

사실은 굶주린 아이들이 죽어가는 때나 자연재해가 많은 생명을 앗아갈 때, 그리고 수많은 무고한 사람들이 전쟁으로 죽임을 당할 때, 많은 경우 교회는 앞에서 언급한 것과 같은 생각을 하게 된다. 그러나 우리가 여러 변명들을 늘어놓으며 순종하지 않을 때, 세상 사람들은 하나님을 비난하게 된다.

다들 한 번쯤 다음과 같은 무신론자나 회의론자, 불신자들의 질문을 들어 보지 않았는가? "당신들의 하나님은 어디 있는가? 왜 하나님은 이런 일에 개입하시지 않는가?" "하나님이 정말 신이라면, 정말 전지전능하고 사람들을 사랑하시는 분이라면, 왜 이런 무고한 아이들을 돕기 위해 아무것도 하지 않으시는가?" "어떻게 사랑의 하나님이라면서 이런 일이 일어나도록 내버려 둘 수 있는가?"

우리는 모두 이와 비슷한 질문들을 받아 보았다. 그럴 때, 당신은 어떻게 반응하는가? 당신은 분명하고 논리적으로 성경적인 답변을 할 수 있는가? 어떻게 하나님을 변호할 것인가?

솔직히 말해서 우리 사회의 많은 사람들이 이런 이유들만으로도 기독교와 예수님을 받아들이지 않는다. 우리가 교회 안에 모여 있는 동안, 세상은 하나님이 어디 계신지 알기 원한다. 그리고 그들은 마땅히 알아야 한다.

나에게 있어서 이러한 질문들은 마땅히 물어봐야 하고, 또 솔직하게 답변되어야 할 것들이다. 하나님께서는 이렇듯 많은 수의 가엾은 영혼들이 영원히 멸망해 가는 것을 보고도 어찌 하실 수 없는 것일까? 하나님께서 개입하셔서 이 고통을 멈추실 수는 없는 것일까? 하나님께서는 하늘로부터 음식이 떨어지고, 땅으로부터 깨끗한 물이 솟아나게 하는 능력과 권세를 가지고 계시지 않는가? 하나님께서 손가락을 한 번 튕기심으로 이 끔찍한 죽음의 고리를 끊으실 수 없는 것인가? 대답은 당연히 "할 수 있으시다!"이다. 그러나 그렇게 하지 않으신다. 뿐만 아니라 앞으로도 그렇게 하지 않으실 것이다!

왜 그러실까?

어쩌면 다음의 대답이 당신을 불편하게 할 수도 있을 것이다. 왜냐하면 그렇게 하는 것이 하나님의 역할이 아니기 때문이다! 하나님은 개입하지 않으실 것이다. 왜냐하면 더 이상 그것은 하나님의 책임이 아니기 때문이다. 숨을 한 번 깊게 쉬고 마음을 누그러뜨리라. 책을 덮기 전에 이것에 대해 다시 한 번 생각해 보라.

태초에 하나님이 아담과 하와를 지으시고, 사람에게 이 땅을 다스릴 통치권을 주셨다(창 1:26, 28). 그것이 정확히 무슨 의미인지 의아해할 수도 있다. 간단히 설명하자면, 하나님의 형상을 따라 지음 받은 인류에게 (그때에도 그랬고, 지금도) 이 땅을 돌보고 감독할 책무를 주신 것이다. 그러므로 이 세상에 하나님이 개입하시는 것은 주로 그분의 자녀들을 통해서이다. 우리가 하나님의 뜻과 계획의 집행자이자 매개체인 것이다. 하나님께서는 그분의 백성들을 통해 일하기로 선택하셨다.

또한, 예수님께서 승천하시기 전에 큰 책무의 위임이 있었다. 하나님은 모든 기독교인에게 그분의 권세를 주시고, 우리와 함께하시겠다고 약속하셨다. 그리고 믿는 사람 한 명 한 명이 그분의 뜻을 수행하고 그분을 대표하도록 파견하셨다. 따라서 이제는 우리가 그분의 목소리이자 몸이고(고전 12:27), 하나님의 신성의 연장이자 그분의 돌봄이며, 그분의 긍휼이자 사랑인 것이다. 하나님께서는 우리 모두가 각자의 역할을 제대로 감당하기 원하신다. 우리가 그렇게 하기를 기대하고 계신다.

오늘날 세상은 전례 없는 재앙을 맞닥뜨리고 있다. 그리고 모든 세상 사람들은 그렇게 일어난 일들에 대하여 다 하나님을 탓하려 한다. 그러나 그들이 인지하지 못하는 것은 하나님도 누구보다 이 세상의 고통과 슬픔을 거두고 싶어 하신다는 것이다. 하나님은 세상을 사랑하시고, 우리의 불행을 기뻐하지 않으신다. 하나님께서는 그분의 긍휼과 지존하신 능력을 고통받는 사람들에게 보여 주기 원하신다. 하나님께서는 지금 이 순간에도 그분의 통로로 쓰임 받을 순종하는 자를 찾고 계신다(대하 16:9).

우리는 하나님의 자녀인 우리가 (원하지 않아서든 혹은 어떤 이유에서든) 하나님의 일에 동역하지 않으면, 그분의 계획이 성취되지 않는다는 사실을 간과해서는 안 된다.

결국 우리가 하나님이 지시하신 일을 하지 않으면, 이 땅에서 그분의 뜻이 이루어지지 않게 된다. 아이들은 굶주리게 되고, 영혼들은 구원을 받지 못하게 된다. 예외란 없다.

이 모든 것은 예방할 수 있다

다시 말하지만, 앞에서 언급한 재앙들, 아이들이 굶어 죽고 엄청난 수의 사람들이 그리스도가 없는 영원한 멸망으로 들어가는 일들은 예방할 수 있다. 어떻게 하면 될까? 그리스도의 몸 된 교회 구성원 모두가 그들의 몸을 내어드리고, 그들의 역할을 받아들이고, 그들의 책무를 수행하고, 그저 예수님께서 우리에게 행하라고 가르치신 바를 행함으로써 가능하다.

그러나 불행히도 대부분의 신자들은 그것을 시작하지 않았다. 대부분의 경우, 사람들은 그저 안전하게 행하려고 하였다. 그저 자리에 앉아서 우리 스스로 정해 버린 슈퍼히어로인 하나님께서 직접 개입하셔서 모든 것을 고치시고 세상을 구원해 주시기를 기다리기만 하였다.

이러한 접근과 사고방식은 깊은 어두움의 파괴적인 확장과 고통만을 가져왔다. 우리는 이것이 지속되는 것을 막아야만 한다. 세상의 소망은 하나님의 능력이 그분의 백성들을 통해 역사하는 데에 있다. 이제는 우리가 일어설 때이다.

05 | He sat down

명령들

"언젠가는 당신의 눈앞에 당신의 삶이 주마등처럼 펼쳐질 것이다.
그것이 볼만하도록 가치 있는 삶을 살라."

_ 제라드 웨이

    나는 즐거운 유년기를 보냈다. 나의 부모님은 아주 좋은 분들이셨고, 나에게 좋은 가정 환경을 만들어 주셨다. 우리는 참으로 서로를 사랑했고 많이 웃었다. 어릴 때 나는 동네의 골목을 달리는 것을 좋아했다. 삶은 참 즐거웠다!
    지금도 나는 어릴 적에 친구들과 군대놀이 했던 것을 생생하게 기억한다. 우리는 편을 나누어 숲속을 뛰어다니며 몇 시간이고 놀곤 했다. 나뭇가지를 총 삼고, 솔방울을 수류탄 삼아서 놀았다. '빵, 빵, 빵' 하며 총소리를 내며, 누가 먼저 쏘았는지를 두고 논쟁하곤 했다.

"내가 쐈다."
"아니, 내가 먼저 쐈어."
"내가 먼저 쐈으니까 넌 죽은 거야!"
"아니, 네가 죽은 거지!"

때로는 누가 누구를 먼저 쏘았는지에 대한 논쟁이 실제 싸움으로 번지기도 했다. 그땐 정말 즐거웠다!

생명을 내어놓는 자들

나는 군대에서 복무하는 사람들을 굉장히 존경한다. 육군, 공군, 해군, 해병들은 우리의 자유를 지키기 위해, 우리가 평화롭게 살 수 있도록 자원해서 그들의 생명을 내어놓는다. 그들은 특별한 사람들이며, 우리의 존경을 받을 자격이 충분하다.

우리 아버지는 해군에서 복무하셨고, 친척들 중에도 현재 군대에서 복무중인 사람들이 있다. 몇몇 조카들도 외국과 대양에서 오랜 기간 복무하기 위해 파송받았다. 수일, 수주, 수개월간 사랑하는 가족과 친구들로부터 떨어져 지낸다는 것은 참으로 어려운 일이다. 제복을 입은 사람들이 나라를 위해 치르는 희생은 말로 다할 수 없다.

특별한 맹세

최근에 나는 미국에서 현역이나 예비군으로 입대한 사람들이 다음과 같이 맹세한다는 것을 알게 되었다. "나는 미합중국의 헌법을 동일한 신념과 충성을 가지고 지지하며, 국내외 모든 적으로부터 지킬 것을 엄숙하게 맹세합니다. 그리고 나는 군법과 규율에 의거하여 미합중국 대통령의 명령과 상관의 명령에 복종할 것을 맹세합니다."

미국이 세계에서 가장 멋지고 훈련이 잘된 강한 군대를 가진 이유가 바로 여기 있다. 이 나라의 군대에서 복무하는 사람들은 본인의 생명이 위협을 받더라도 이 맹세를 기억하고 적극적으로 충성한다. 이렇듯 이 맹세는 그저 수사적인 것이 아니라 그들의 삶의 목적과 방식이 된다.

그들의 임무가 무엇인지 집중해서 보자. "나는 대통령과 상관의 명령에 복종할 것을 엄숙하게 맹세합니다."

의문의 여지없이, 군대의 효용성과 안정성은 명령에 복종하는 것을 기반으로 한다. 지원자가 훈련소에 입소하는 순간 처음으로 배우는 것은 상관의 명령에 망설임 없이 즉각적으로 복종하는 것이다. 명령에 복종하는 법을 배우지 못한 군인은 자신이 맡은 임무와 생명뿐만 아니라 주변 동료들의 목숨도 위험에 빠뜨린다.

신병은 입소 후 한 명의 병사가 상관의 합법적 명령에 불복종할 때에 군대에 속한 이들 모두가 그 선택의 결과에 영향을 받게 됨을 배운다. 사실 군법은 의도적으로 직속상관의 명령을 거부하는 것을 불법으

로 간주한다. 따라서 어떤 병사가 전시에 명령에 불복종하면, 그 병사는 사형까지도 선고받을 수 있다.[1]

군대에 이처럼 강도 높은 행동규범이 없다고 상상해 보라. 분명 혼돈과 불순종이 만연할 것이고, 곧바로 통제력이 상실될 것이다. 지원자들은 입대지원서에 서명하기 전에 이미 이러한 규율과 명령을 어겼을 때 받게 되는 불이익을 명백히 주지받는다.

미국의 군 지휘부는 나라의 안보와 국민의 삶의 질이 병사들이 명령에 복종하는 것에 달렸다는 것을 잘 알고 있다. 이처럼 하나님께서도 교회가 세상에 영향을 끼치는 것이 그분의 자녀들이 '명령에 복종하는 것'에 달려 있음을 잘 알고 계신다.

진격 명령

아래 구절의 문맥상 예수님께서 부활하시고 제자들과 여러 날을 보내신 것은 그들에게 새 임무를 알려 주시기 위함이었다.

> 그가 택하신 사도들에게 성령으로 명하시고 승천하신 날까지의 일을 기록하였노라 (행 1:2)

---

[1] Powers, Rod. "Military Orders." Thebalance.com. http://usmilitary.about.com/cs/militarylaw1/a/obeyingorders.htm.

이 구절은 매우 중요하다. 예수님이 부활하시고 40일이라는 기간 동안 하신 일이 무엇인지 보라. "사도들에게 성령으로 명하시고."

예수님이 제자들에게 명령을 주셨다. 흥미롭지 않은가? 군대에 관해 우리가 앞서 발견한 것들을 생각해 보면, 이 구절은 예수님께서 원하신 것이 무엇이었는지를 밝혀 준다.

분명한 것은 예수님께서 제자들에게 십계명을 다시 가르치신 것은 아니었다는 것이다. 주님이 제자들과 함께 보내신 이 소중한 기간은 교양 있게 성경을 공부하는 시간도 아니었다. 이 40일은 아주 집중적이고 의도적인 기간이었으며, 이 기간 동안 예수님께서는 제자들에게 명령을 주셨다.

사전에서는 '명령'이라는 단어를 '권위를 가진 지시, 교육, 지휘, 지령' 등으로 정의한다. 그렇다면 예수님께서 명령을 하셨다는 말이 의미하는 바는 무엇일까?

사도행전 1장 2절을 한 번 자세히 보자. 헬라어로 '명령'이라는 단어는 예수님께서 특별한 임무를 성취할 것을 강하게 요구하셨음을 의미한다. 예수님께서 하신 것은 마치 장교가 그의 병사들에게 임무를 설명해 주고 파견하는 것과 비슷하다.

특별히 당시 시간이 촉박하였던 점을 기억하라. 예수님께서는 곧 이 땅을 떠나실 것이었고, 그랬기 때문에 그분의 뜻을 위해 제자들을 선택하셔서 파송하신 것이다. 중요한 점은 이 40일 동안에는 그 어떤 치유의 기적도 기록되지 않았다는 것이다. 예수님께서는 모든 시간을 사용하셔서 앞으로 그들이 감당해야 할 책무를 세세하게 가르치셨다. 이 소중한 기간을 가르치고, 지시하고, 임무를 분명히 알려 주는 데 온전히 사용하셨다. 주님께서는 그들에게 진격 명령을 주신 것이다.

이러한 임무 브리핑은 제자들에게 생소한 것은 아니었다. 예를 들어, 누가복음 10장에서 예수님은 70명의 제자들을 부르셔서 그분의 소망과 사랑과 능력의 메시지를 전파하라는 구체적인 명령을 주셨다. 그것은 말하자면 앞으로 있을 일에 대한 예고이자 '시범 가동'이었다.

70명의 제자들이 임무를 완수하고 돌아왔을 때, 그들의 마음은 기쁨으로 가득 차 있었다. 그들이 돌아와서 가장 먼저 이야기한 것은 "주여, 주의 이름이면 귀신들도 우리에게 항복하더이다"(17절)였다. 이것을 놓치지 말라. 귀신들도 그들에게 항복하였다! 귀신들마저도 그리스도의 대사들에게 복종한 것이다. 제자들이 그들에게 주어진 임무를 수행하라는 리더의 명령에 순종하고 예수님의 이름의 권세를 사용하였기 때문에 귀신들도 그들에게 복종해야만 했다.

그들의 빛나는 간증 후에 예수님께서 하신 말씀을 주목하라. "사탄이 하늘로부터 번개 같이 떨어지는 것을 내가 보았노라"(18절).

주문하시겠어요?

우리 사회에서도 명령을 주고받는 것이 새로운 일은 아니다. 우리는 매일 이러한 일이 일어나는 것을 본다. 우리는 매일같이 명령을 하거나 받는다. 예를 들어 밥을 먹기 위해 식당에 들어가면 '주문order은 이곳에서'라는 문구를 자주 본다. 혹은 우리가 테이블에 앉으면, 웨이터가 와서는 "주문하시겠어요?"라고 물어본다. 혹은 드라이브스루 식당이나 패스트푸드점에 가면 스피커에서 "주문해 주세요"라는 소리가 나온다. 당신이 그 직원에게 하는 말도 지시이자 명령인 것이다.

다른 말로 하자면, 당신이 식당 직원에게 주문을 할 때에 그 직원의 임무는 당신이 주문한 것을 다 가져다주는 것이다. 당신의 지시와 '명령'을 얼마나 제때에 잘 수행하는가가 중요하다. 그러나 모든 것이 다 계획대로 되지는 않는다.

때때로 우리는 탄산음료 기계나 정수기, 엘리베이터, 자판기, 커피 머신, 주유기 등에 '고장'our of order이라는 문구가 써 있는 것을 본다. 이러한 문구를 보면 짜증나지 않는가? 대부분 이런 경우는 엎친 데 덮친 격으로 일어날 때가 많다.

만약 당신이 이런 상황에 처한다면, 다음과 같이 말할 것이다. "언제까지 고장인 거지?" "도대체 뭐가 문제인 거야?" "누가 망가뜨린 거지?" "언제나 고치는 걸까?"

최근에 많은 짐을 가지고 공항에 간 적이 있었다. 짐이 무거우니 터미널까지 걸어가는데, 마치 몇 킬로미터를 걷는 것만 같았다. 가는 내내 나는 두 개의 큰 짐과 기내용 가방 하나를 두고 씨름했다. 마침내 에스컬레이터 앞에 도착했다. 그때 나는 이미 완전히 지쳐 있었다.

이제 숨을 돌리고 올라가는 에스컬레이터를 타려는데, 거기에 '고장'이라고 쓰인 팻말이 붙어 있는 것 아닌가? 나는 속으로 소리 질렀다. '고장이라고? 말도 안 돼!' 나는 짜증이 나는 정도를 넘어서서 화가 머리끝까지 났다! '왜 하필 지금 고장이지? 이 에스컬레이터는 작동해야만 하는데!' 나는 무거운 짐들을 가지고 계단을 오르고 싶지 않았다. 그 순간 에스컬레이터가 만들어진 목적대로 작동하는 것이 나에겐 절실했다. 그렇지만 에스컬레이터는 고장이 나 있었다. 내가 공항 터미널에 가기 위해서는 에스컬레이터가 정상적으로 작동을 하고 있어야만 했다. 나에게는 에스컬레이터가 필요했다.

말할 필요도 없이, 이 고장으로 인해 나의 삶은 일시적으로 곤경에 처했다. 잠시간 열을 식힌 나는 터미널로 가기 위해 계단을 찾아야 했다. 왜냐하면 에스컬레이터가 고장 나서 작동하지 않았기 때문이다.

그렇다면 '고장'out of order 표시가 붙어 있다는 것은 무엇을 의미할까? 그 말은 그 물건이 제대로 작동하지 않거나 아예 작동 자체를 하지 않는다는 말이다. 다른 말로 하자면, 그것이 원래 만들어진 목적과 임무를 온전히 수행하지 못하고 있다는 의미이다. 바로 그러할 때, 누군가 와서 고장이라는 팻말을 붙이는 것이다.

명령 vs 제안

우리는 지상 대명령을 지상 대제안이라고 부르지 않는다. 그런데 너무도 많은 기독교인들이 예수님께서 우리에게 주신 명령을 마치 추천이나 하고 싶으면 하는 정도의 제안으로 여긴다. 교회는 더 이상 이러한 사고방식으로 행하면 안 된다.

우리는 지상 대명령을 구체적으로 주신 것을 영원히 감사해야 한다. 하지만 동시에 그 명령은 결코 한정적이지 않다. 지상 대명령은 거룩한 삶, 복음 전파, 기도, 제자훈련, 말씀의 적용 등 우리 삶의 많은 부분을 포함한다.

여기에 또 다른 예가 있다. 하나님께서는 우리가 출석하는 교회에서 하나님을 신실하게 섬기기 원하신다. 그저 방관자나 수혜자로서가 아니라 교회 안에서 하나님의 군대에 활발히 참여하기를 원하신다. 그러나 통계적으로는 대부분의 교인들이 교회에서 거의 섬기지 않는다. 교회에서의 우리의 참여는 예배에 참석하는 차원을 넘어서야 한다. 그저 헌금함에 몇 달러를 넣거나 찬양 몇 곡을 같이 부르는 수준으로, 혹은 목사님의 설교를 듣는 것으로 만족하는 차원에서 끝나서는 안 된다. 로마서 12장 1절에 의하면, 앞에 서술한 것들은 우리가 '최소한' 해야 하는 것들이다. 우리는 이보다 더 많은 것을 해야 한다.

하나님의 군사

누군가가 군대에 입대하면, 그 사람은 자신의 삶에 대한 통제를 포기한다. 이제부터는 그가 입대한 군대가 모든 행동을 통제한다. 무엇을 입어야 할지, 어디에 살아야 할지, 어디를 가야 할지, 어떤 명령을 따라야 할지에 대해서 말이다.

이와 같이 우리는 기독교인으로서 하나님의 군대에 입영하기로 선택하였다. 따라서 하나님의 명령을 따르는 것이 우리의 최우선순위가 되어야 한다. 불순종과 그분의 소망을 성취하지 않는 것은 우리의 선택 사항이 아니다. 우리가 거듭난 기독교인이 되는 순간, 그리스도께서는 우리의 장군이시자 최고사령관이 되시며, 우리의 열정은 하나님을 기쁘시게 하는 것이어야 한다.

> 너는 그리스도 예수의 좋은 병사로 나와 함께 고난을 받으라 병사로 복무하는 자는 자기 생활에 얽매이는 자가 하나도 없나니 이는 병사로 모집한 자를 기쁘게 하려 함이라 (딤후 2:3-4)

그들이 받은 명령은 이제 우리의 것이다

말씀을 보면, 예수님께서 제자들에게 주셨던 것과 동일한 임무와 지시가 우리에게도 주어졌다는 것이 분명해진다. 그들의 책무가 이제 우리의 것이 되었다.

당신은 이 명령들을 잘 수행하고 있는가? 얼마나 참여하고 있는가? 당신은 신실한가? 출석하는 교회에서 소임을 다 하고 있는가?

당신은 전투에 참전하였는가? 당신은 얼마나 믿음직한 성도인가? 당신은 아버지의 명령에 순종하고 있는가?

당신은 교회의 비전에 온전히 헌신하는 사람인가? 당신은 할 일을 찾아 자원해서 하는가? 아니면 당신을 볼 때에 '고장'이라는 표지판이 가슴에 붙어 있는가?

우리는 우리가 살고 있는 시대를 잘못 해석할 여유가 없다. 시간이 얼마 남지 않았다. 수동적인 참여와 우유부단함은 이제 끝났다. 우리의 미적지근함은 끝나야 한다. 모든 지체가 주님의 명령을 수행할 준비가 되어 자원해야 한다. 그래서 나중에 주님 앞에 섰을 때, "잘하였도다, 착하고 충성된 종아"라는 소리를 듣기 바란다.

06 ❙ **He sat down**

우리가 받은 선물

"하나님께서는 오늘 당신에게 86,400초를 선물로 주셨다.

당신은 그중 1초라도 감사하는 데 사용하였는가?"

_ 윌리엄 A. 워드

사랑하는 사람이 준 선물을 열어 보는 것은 아주 기쁜 일이다. 그때의 기대와 흥분, 그리고 기쁨을 넘어설 수 있는 것은 별로 없다. 솔직히 말해서, 선물 포장을 뜯는 것은 우리 안에 있는 어린아이를 불러낸다. 그 정도로 아주 특별한 순간이다. 그러나 이보다 더 기쁜 순간이 있다. 그것은 바로 수년간 간직했던 선물을 열어 보는 것이다. 이것은 내가 경험한 일이다.

나는 다른 이들에게 선물 주는 것을 좋아한다. 그렇지만 고백하건대, 그다지 선물을 잘 주는 편은 아니다. 최근 크리스마스에 아내는 내가 준 선물을 흥분되는 마음으로 열어 보았다. 그런데 거기에는 한 가지 문제가 있었다. 내가 아내에게 준 선물은 스카프였다. 그것은 그냥 스카프가 아니라 이미 아내가 가지고 있던 것, 심지어 자주 하던 스카프였다. 더구나 가족끼리 같이 간 크리스마스 쇼핑 날 당일에도 아내는 그 스카프를 하고 있었다. 내가 디테일에 너무도 무심했던 것이다.

어떻게 그런 일이 일어났을까? 아마도 그날 백화점에서 아내가 그 스카프를 잠시 벗어서 내가 들고 다니던 쇼핑백에 집어넣었던 것 같다. 그리고 그날 저녁에 나는 아들들과 함께 쇼핑백 안에 있던 물건을 다 꺼내서 아내에게 선물하기 위해 포장했다.

처음에는 나도 그 스카프가 뭔가 좀 낯이 익다고 생각했다. 그래서 그것을 들고 분석했다. 심지어 냄새도 맡아 봤다. 스카프에서는 아내의 냄새, 즉 아내의 향수 냄새가 났다. 그럼에도 그것이 아내의 스카프일 것이라고는 생각하지 않았다. 나와 같이 선물을 포장하고 있던 다 큰 우리 아들들에게도 그 스카프를 아느냐고 물어봤다. 그런데 둘 다 모른다고 하였다. 그런 것도 유전인가 보다. 그래서 우리는 그 스카프가 쇼핑백 안에 들어 있었으니, 우리 중 아무도 산 기억은 없지만 그 스카프를 샀나 보다고 결론 내렸다. 우리는 너무도 확신한 나머지 영수증을 확인하지도 않았다. 영화 '덤 앤 더머'의 한 장면 같지 않은가?

추가로 내가 아들들의 보호자인 것을 감안하면, 그 아이들이 잘 자란 것 자체가 큰 기적이라고 할 수 있다. 나는 초자연적인 하나님의 역사를 믿는다.

슬픈 크리스마스 아침

크리스마스 아침에 설레는 마음으로 예쁘게 포장된 선물을 뜯은 아내는 자신이 수년간 사용했던 스카프를 발견했다. 여기서 놀라운 점은 그녀가 웃으며 마치 그것을 처음으로 받은 것처럼 깜짝 놀라는 척을 했다는 것이다. 심지어는 그 스카프를 목에 둘러 보고는 이렇게 말했다. "이거 정말 마음에 들어요. 아름답네요. 고마워요." 우리는 당연히 아내가 그 스카프가 자신의 것임을 알고 있었다는 것을 눈치 채지 못했다.

나와 아들들은 활짝 미소를 지었다. 우리는 아내 카렌이 마음에 들어하는 선물을 주게 되어 기쁘고 뿌듯했다. 적어도 우리는 그렇다고 생각했다. 그러나 아내는 속으로 '나는 아주 엄청난 바보들과 살고 있구나'라고 생각했을 것이다. 얼마나 위대한 여인인가!

특별한 선물

신약성경에서 예수님께서는 그분의 자녀들에게 특별한 선물들을 주셨다. 좋은 소식은 이 선물들이 이제껏 우리가 가지고 있었던 '헌' 선물이 재포장 된 것이 아니라는 점이다. 이 선물들은 각각 특별하며, 우리 모두에게 맞춤으로 주어진 것이다.

> 각각 은사를 받은 대로 하나님의 여러 가지 은혜를 맡은 선한 청지기

> 같이 서로 봉사하라 (벧전 4:10)

> 그러므로 이르기를 그가 위로 올라가실 때에 사로잡혔던 자들을 사로잡으시고 사람들에게 선물을 주셨다 하였도다 (엡 4:8)

여기서 우리가 아는 것은 이것이다. 위 말씀 대로면, 예수님께서 천국에 올라가셔서 앉으시기 전에 믿는 자들에게 성령의 은사들을 주셨다. 우리에게 선물을 주신 것이다.

왜 앉으시기 전에 우리에게 선물을 주셨을까? 그분이 승천하시면서 예수님의 지상 사역이 끝났기 때문에 그분의 군사들에게 각각 은사와 도구와 무기들을 주신 것이다. 예수님께서는 제자들이 그분의 명령을 수행할 수 있도록 필요한 모든 것과 혜택을 주신 것이다(마 28:19-20, 막 16:14-20).

여기서 순서에 주목하라. 첫째로 예수님은 제자들에게 임무와 진군 명령을 주셨다. 그리고 그 임무를 수행하는 데 필요한 도구들을 주셨다. 이 두 가지 일이 다 예수님이 하나님 우편에 앉으시기 전에 일어났다.

전쟁을 위해 선물 받다

사령관이 중요한 임무를 수행하는 데 필요한 무기와 장비도 없이 병사들을 전장에 내보내는 것을 상상해 보라. 그것은 매우 끔찍한 일이다. 병사들은 생명을 잃을 것이고, 자원은 낭비될 것이다. 그들은 자신들의 리더의 자격을 의심할 것이다. 예수님께서도 제자들이 온전히 무장되지 않으면 맡겨진 임무를 수행할 수 없음을 아시고 특별히 마귀와 같이 끈질기고, 약삭빠르며, 교활한 원수를 대적할 때에 꼭 필요한 도구들을 주셨다. 제자들이 임무를 충실히 수행할 수 있도록 성령의 은사들을 주신 것이다.

많은 사람들이 "성령의 은사가 무엇인가요?" 하고 물을 것이다. 성령의 은사란 예수님께서 모든 믿는 자들이 그리스도를 위해 받은 각각의 고유한 임무를 교회와 세상에서 수행할 수 있도록 주시는 초자연적인 능력 혹은 도구이다.

그렇다면 이제는 다음의 두 가지 질문에 답을 하는 것이 중요하다. 그것은 바로 어떤 은사들이 주어졌는지, 그리고 누구에게 이 은사들이 주어졌는지에 대한 것이다. 이 질문들에 대한 해답은 고린도전서 12장, 로마서 12장, 에베소서 4장에 언급되어 있다. 추가로 이 은사들은 하나님의 자녀들, 믿는 자들에게 그분이 기뻐하시는 뜻대로 주어졌다.

은사에 관한 진리

은사와 관련하여 모든 기독교인이 알아야 할 네 가지 진리가 있다.

1. 그리스도의 모든 지체는 은사를 받았다.

성경은 우리가 구원을 받는 순간, 두 가지 일이 일어난다고 가르친다. 첫째, 그리스도의 몸에 들어오게 된다(고전 12:18). 그리고 두 번째, 성령의 은사가 우리의 삶에 주어지게 된다(벧전 4:10). 이와 관련하여 로마서 12장 3-8절, 고린도전서 12장 12-18절에서 말하는 것은, 하나님께서 성령의 은사를 주시는 것과 우리를 지체의 어느 부분으로 부르시는지는 그분이 뜻하시는 대로 하신다는 점이다.

2. 모두가 다 자신이 은사를 가지고 있다는 것을 알고 있지는 않다.

사람들이 자신에게 은사가 있다는 사실을 모르면, 그 결과는 참담하며 좋지 못하다. 사실, 주일마다 교회에는 자신이 은사를 받았다는 사실을 모르는 기독교인들로 가득하다. 그들은 주어진 환경과 교제를 즐기며 은혜로운 예배에 참석하여 격려와 감명을 받고 또 도전까지 받은 채 집으로 돌아간다.

그러나 그들은 하나님께서 그분의 뜻을 이루도록 그들에게 특별한 은사와 도구들을 주셨다는 것은 알지 못한다. 그러므로 하나님께서 그들에게 주신 성령의 은사는 잠들어 있게 된다. 그 결과, 그들은 하나님께 온전히 쓰임 받지 못하게 된다. 구원받는 것 외에 예수님의 목적에 아주 작은 도움을 드리게 되거나 전혀 공헌하지 못하게 되는 것이다. 불행히도 많은 그리스도인들이 하늘에 계신 아버지로부터 '성령의 은사'를 받았다는 사실을 전혀 인식하지 못한 채 살다가 죽는다.

3. 교회는 신자들이 자신의 은사를 발견할 수 있도록 도와야 한다.

교회 리더십의 역할을 간단히 말하자면, 신자들이 자신의 영적인 은사를 발견하도록 돕는 것이다. 목회자들이 나중에 하나님 앞에 섰을 때에 하나님께서 물어 보시는 것은 얼마나 많은 성도가 교회에 출석하였는지가 아닐 것이다. 내가 믿기로, 하나님께서는 그들에게 보내신 원석들을 어떻게 관리하였는지를 물으실 것이다. 다시 말해서, 교회에 입대한 신병들을 데리고 무엇을 했는지, 어떻게 그들이 하나님께 쓰임을 받을 수 있도록 양육하고 준비시켰는지를 말이다. 각각의 교회는 성도들이 자신의 은사를 발견할 수 있도록 돕는 체계적인 시스템을 가지고 있어야 한다.

4. 성도들이 은사를 사용하도록 무장시키는 것이 교회의 최우선순위여야 한다.

많은 교회와 사역 단체들이 적진 깊숙이 침투하는 군사들을 세우고, 무장시키며, 훈련시키는 것보다는 성도수를 늘리는 일에 더 집중한다. 그러나 예수님의 사역의 중심은 결코 '무리'에 있지 않았다. 주님은 많은 군중을 모으기 위해 사역하신 것도 아니고, 또 많은 이들이 몰렸다고 그것에 감동받지도 않으셨다. 그분의 방식은 달랐다.

예수님께서는 열두 명의 제자를 선택하셔서 그들을 훈련시키시고, 영적으로 무장시키셨다. 예수님은 제자들을 영적으로나 물리적으로나 강력한 군대로 만드셨다. 따라서 교회의 우선순위도 이와 동일해야 한다. 이 점을 잘 알았던 바울은 에베소 교회에 다음과 같은 메시지를 보내었다.

> 그가 어떤 사람은 사도로, 어떤 사람은 선지자로, 어떤 사람은 복음

> 전하는 자로, 어떤 사람은 목사와 교사로 삼으셨으니 이는 성도를 온전하게 하여 봉사ministry의 일을 하게 하며 그리스도의 몸을 세우려 하심이라 (엡 4:11-12)

바울이 교회의 리더들에게 한 이야기를 놓치지 말라. 그들의 궁극적 책무는 믿는 자들을 하나님이 사용하실 수 있도록 무장시키는 것이다. 12절의 '온전하게'라는 단어의 원어는 '설치가 다 끝나다, 완전하게 하다, 온전하게 준비가 되다'를 의미한다.[1]

우리가 해야 할 일

이제 목회자들과 교회 리더들의 임무는 분명해졌다. 그것은 '성도를 완전하게 무장시켜 사역하게 하는 것'이다

바울은 말을 돌려하지 않고 매우 단호하였다. '사도, 선지자, 목사, 교사, 복음 전도자'(엡 4:11)와 같은 오중사역의 책무는 그들이 돌보는 신자들을 은사로 완전하게 무장시키고 훈련받게 하는 것이다. 하나님께서는 우리를 통해 그분의 군대가 전투에 온전히 준비되기를 원하신다. 이것이 우리의 가장 중요한 임무이다.

---

1) Blue Letter Bible. "Strong's G2677 - katartismos." https://www.blueletterbible.org/lang/lexicon/lexicon.cfm?Strongs=G2677&t=KJV.

[교회는 현대의 '야외용품점'이다.]

사냥이나 야외활동을 좋아하는 사람이라면 '야외용품점'을 잘 알 것이다. 서부의 자연으로 사냥을 나가거나 콜로라도 강에서 래프팅을 할 때, 혹은 애팔래치아 등산로에서 트레킹을 할 때, 야외용품점은 고객들이 그들의 여정을 안전하게 즐기는 데 필요한 의류나 도구, 물품 등을 제공한다.

교회 리더들의 궁극적인 역할은 하나님 나라를 위한 야외용품점이 되는 것이다. 말하자면 자신들이 돌보는 신자들을 제대로 훈련시키고 모든 상황에 맞도록 준비시키는 것이다. 왕이신 하나님께 그들이 제대로 쓰임 받게 하는 것이 교회의 가장 중요한 목표이다. 이 일을 우리가 해야 하지 않겠는가?

하나님의 백성들을 준비시키는 것은 참으로 어려우며, 많은 수고를 필요로 한다. 때로는 낙심할 수도 있고, 시간도 많이 할애해야 한다. 이런 이유들 때문에 교회들이 성도들을 준비시키는 일을 시작하지 않는다. 그리고 애석하게도 열매가 별로 없는 것을 보며 그저 현상유지만 하려 한다. 그들의 태도는 "그냥 '좋은 교회'나 돼야지. 하나님께서 해결하시도록 하자. 하나님이 고치실 거야. 하나님이 다 합력해서 선을 이루실 거야"와 같은 식이다.

이러한 태도와 접근방법은 이제 바뀌어야 한다. 우리는 이제 성도들이 하나님의 군사로서 역할을 감당할 수 있도록 그들을 온전하게 해야 한다.

오늘날 믿는 자들이 우리의 주인이신 하나님께 도움이 되는 군사가 되는 것은 매우 중요하다. 그러나 안타깝게도 여전히 많은 사람들이 매주 교회에 와서 멋진 찬양과 '좋은 교회'를 경험하면서도, 예수님께 도움이 되어 드리지는 않는다. 이제 성도들은 하나님이 사용하실 수 있도록 무장되고 훈련받아야 한다.

> 귀히 쓰는 그릇이 되어 거룩하고 주인의 쓰심에 합당하며 모든 선한 일에 준비함이 되리라 (딤후 2:21)

여기서 '준비함'이라는 표현을 주목하라. 이 말은 '사용할 준비를 시킨다'는 의미이다. 바울은 디모데에게 "네가 예수님께 얼마나 쓰임받기 합당한지는 얼마나 잘 준비되느냐에 달렸다"라고 한 것이다. 맙소사! 지도자들이여, 우리가 해야 할 일이 바로 여기 있다. 우리는 반드시 이 일을 해야 한다. 우리의 주인 되시는 하나님이 쓰실 수 있도록 성도들을 준비시키는 것 말이다. 이 임무가 우리를 사로잡아야 한다!

좋은 소식

이것을 우선순위로 삼은 교회는 계속 증가하고 자라나게 될 것이다. 하나님께서는 다음과 같이 약속하셨다.

> 그에게서 온 몸이 각 마디를 통하여 도움을 받음으로 연결되고 결합되어 각 지체의 분량대로 역사하여 그 몸을 자라게 하며 사랑 안에서 스스로 세우느니라 (엡 4:16)

우리가 조직적으로 성도들을 '온전하게 하고, 세워 주고, 훈련하면'(엡 4:12) 에베소서 4장 16절 말씀이 그 결과가 되는 것이다. 그리스도의 몸 된 교회가 자라나는 것 말이다. 이것이 바로 하나님의 교회를 세우는 공식이다. "성도들을 온전하게 하라 … 그리고 그들이 할 일을 하게 하라"(엡 4:12, 16).

준비되어 있는가?

당신은 자신의 영적 은사가 무엇인지 아는가? 만약 안다면, 그것을 당신의 교회에서 하나님의 영광을 위해 사용하고 있는가? 그 은사를 더 지혜롭게 효과적으로 사용할 수 있도록 누군가가 훈련시키고 있는가?

추가로, 당신의 교회는 성도들이 자신의 은사를 발견할 수 있도록 일정한 과정과 도구들을 제공하고 있는가? 그리고 누군가 당신의 교회를 방문하여 당신에게 "제가 어떻게 하면 저의 은사를 발견할 수 있습니까?"라고 묻는다면, 어떻게 반응할 것인가? 혹은 "이 은사를 사용할 수 있도록 저를 훈련시켜 줄 수 있습니까?"라고 묻는다면, 당신은 어떻게 할 것인가? 그가 주님의 일을 할 수 있도록 준비시켜 줄 것인가?

모든 교회에는 성도들이 자신의 영적 은사를 발견하고 그것을 훈련시킬 수 있도록 효과적인 시스템이 구비되어 있어야 한다. 이것이 하나님의 방식이고, 그분의 계획이다! 이제 하나님의 방식대로 하자!

07 | He sat down

성령님

"중요한 것은 돈이나 조직이나 영리함이나 교육이 아니다.
베드로가 행했던 일들을 우리가 행하고 있는가?
그가 했던 것처럼 수천 명의 사람들을 그리스도께로 인도하고 있는가?
만약 그렇지 않다면, 우리는 하나님의 능력의 원천으로 다시 돌아가야 한다."

_ 짐 심발라

불과 얼마 전, 어두운 한밤중 겟세마네 동산에서 예수님이 병사들에게 잡혀가시자, 제자들은 겁에 질려 도망갔다. 그날 밤, 리더로서 중심을 지켜야 했던 베드로는 자신에게 예수님의 제자가 아니냐고 추궁하는 한 소녀 앞에서 갑자기 겁쟁이로 돌변하였다. 성경은 그가 한 번도 아닌 무려 세 번이나 주님을 모른다고 부인하였다고 기록한다.

놀랍게도 베드로의 부인과 제자들의 도주는 그들 스스로의 능력으로는 예수님의 일을 절대로 계속할 수 없음을 보여 주었다. 이 선택받은 제자들은 그 어느 때보다도 연약하고 무너진 상태였다. 그들의 마음은 선했고 의지도 있었지만, 그것으로는 충분치 않았다.

예수님께서는 그들을 부르신 순간부터 이미 그들의 약점을 잘 알고 계셨다. 그들이 일을 잘 수행하기에는 아직 많이 부족하다는 것을 그 누구보다 잘 알고 계셨다. 그들은 초자연적인 능력을 입어야만 했다. 그들의 제한적인 능력으로는 앞으로 감당해야 할 임무가 시도조차 할 수 없을 정도로 컸다.

그랬기 때문에 예수님께서는 공개적으로, 그리고 비공개적으로 성령님에 대하여 자주 언급하셨다. 예수님께서는 의도적으로 자주 그들의 삶과 사역에서의 성령님의 역할을 가르쳐 주셨다. 주님께서는 전략적으로 그들이 성령의 능력과 은사를 받고 사역할 수 있도록 그들을 준비시키셨다.

여기서 잠시 예수님께서 부활하신 후 제자들에게, 그리고 제자들과 같이 하신 두 가지 일을 살펴보자. 먼저 예수님께서는 승천하시기 전 부활 후 40일 동안 제자들에게 그들의 임무와 책임을 상기시켜 주셨다(마 28:19-20, 행 1:2). 또한, 예수님께서는 승천하실 때 제자들이 그분의 명령을 수행하는 데 반드시 필요한 영적인 은사를 나누어 주셨다(고전 12:18, 벧전 4:10, 엡 4:8).

그리고 이 두 가지는 예수님이 이어서 하실 일에 완전하게 연결된다. 그것은 바로 성령의 부어지심이다.

이 성에 머물라

> 볼지어다 내가 내 아버지께서 약속하신 것을 너희에게 보내리니 너희는 위로부터 능력으로 입혀질 때까지 이 성에 머물라 하시니라 (눅 24:49)

예수님은 승천하시기 전에 의욕 넘치는 제자들에게 전 우주적 임무를 부여하며 파송하셨다(마 28:19). "너희는 세계 열방으로 나가 복음을 전파하고 제자를 삼으라." 그러나 예수님께서는 그들에게 세계적인 임무를 부여하고 파송하시기 전에 이렇게 말씀하셨다. "기다려라. 나는 너희가 하늘로부터 능력을 받기 전에는 어디에도 가지 않기를 원한다."

한 번 생각해 보라. 제자들은 예수님으로부터 세상을 향한 그분의 마음과 뜻을 40일간이나 들었다. 예수님께서는 그들의 새로운 역할과 책임에 대해 세세하게 말씀하셨다. 그들은 예수님이 행하신 모든 기적을 상기해 보았다. 주님은 그들과 함께할 것이라고 약속하셨다. 그렇게 그들 안에 불을 확 지펴 놓으시고는 이렇게 말씀하셨다. "기다려라. 아직은 어디에도 가면 안 된다."

내 생각에 그들은 분명 당황했을 것이다. 그들은 이렇게 말했을지도 모른다. "무엇을 기다리란 말입니까? 우리는 준비되었습니다! 할 수 있다고요! 예수님이 저희를 훈련시키셨잖아요. 무엇을 해야 할지 보여 주셨잖아요. 이제 우리를 파송해 주십시오!"

예수님께서는 확고하셨다. 일단은 아무것도 하지 말라는 것이 예수님의 분명한 지시였다. 설교나 가르침이나 치유나 제자를 삼는 것 등 그 어떤 사역도 말이다. 그들의 삶에 성령님이 충만하게 임하시기 전까지 그저 움직이지 말고 머무르라고 하셨다(눅 24:49, 행 1:4).

그러나 그들은 새로운 삶을 서둘러 시작하고 싶어서 조바심을 냈다. 그들은 예수님과 매일 함께하는 특권을 누렸었다. 예수님께서 죽은 자를 살리시고, 눈먼 자를 보게 하시고, 절름발이를 걷게 하시는 것을 두 눈으로 직접 보았다. 그리고 불과 얼마 전에 십자가에 달려 돌아가신 주님이 지금은 살아서 그들 앞에 서 계신다. 그들의 자신감은 하늘을 찔렀을 것이다.

더 나아가서, 그들은 다음과 같은 예수님의 말씀을 기억했을 것이다.

> 나를 믿는 자는 내가 하는 일을 그도 할 것이요 또한 그보다 큰 일도 하리니 (요 14:12)

또한 그들은 예수님께서 절대로 그들을 혼자 내버려 두지 않으시리라는 것도 알았다.

> 너희와 항상 함께 있으리라 (마 28:20)

이러한 가운데 나가서 복음을 전파하고, 가르치고, 사역하고자 했던 제자들의 열망을 나는 충분히 이해한다. 그들은 하루 빨리 사람들을 하나님께로 인도하고, 상한 자들을 도와야 했다. 그럼에도 불구하고 예수님은 제자들에게 기다리라고 하셨다.

교회 개척 1단계

하늘을 찌르는 그들의 자신감과 당장 사역을 시작하고자 하는 열망에도 불구하고, 그들은 분명 조금 두렵기도 했을 것이다. 누가 그렇지 않겠는가? 생각해 보라. 그들은 교회를 시작하기 위해 예수님께서 직접 뽑으신 자들이다. 그 부담감이란 말로 다 할 수 없었을 것이다!

이러한 방식은 오늘날의 일반적인 교회 개척과는 다르다. 지역사회의 주목을 끌기 위한 세련된 마케팅 공세도 없고, 눈길을 끄는 로고도 없으며, 멋진 찬양팀이나 화려한 조명, 무대 효과, 고해상도 프로젝터, SNS 등 시작을 알릴 수 있는 도구는 아무것도 없었다. "우리 교회는 다릅니다. 당신은 우리 교회를 좋아하게 될 것입니다"라는 슬로건도, 모카라떼를 파는 세련된 카페도 당연히 없었다.

그리고 무엇보다 뽐내는 말투로 말하는 멋들어진 교회 대변인이나 패셔너블한 찬양 인도자도 없었다. "이 성에 머물라. 너희가 능력을 덧입기 전까지 아무것도 하지 말라"는 리더의 말씀에 그저 조용히 순종하는 평범한 사람들이 있었을 뿐이다.

그들에게는 능력이 필요했다!

예수님께서 제자들에게 머물러 성령님을 기다리라고 하신 이유는 여기에 있다. 교회의 성공과 영향력은 '능력을 덧입는 것'에 달려 있기 때문이다.

예수님께서는 사람의 노력으로 사역하는 것에 한계가 있다는 것을 그 누구보다 잘 알고 계셨다. 예수님은 그분의 능력 없이는 제자들이 그분을 제대로 증거하거나 대적을 물리칠 수 없음을 아셨다.

예수님을 따르는 자들에게는 능력이 필요했다. 그냥 보통의 능력이 아니라 부활의 권능이신 예수님의 능력이 말이다.

> 볼지어다 내가 내 아버지께서 약속하신 것을 너희에게 보내리니 너희는 위로부터 능력으로 입혀질 때까지 이 성에 머물라 하시니라 (눅 24:49)

이 구절은 이 상황을 잘 설명한다. 우리가 예수님의 명령의 무게를 온전히 이해하기 위해서는 '능력'과 '입혀지다'라는 단어를 자세히 살펴보아야 한다.

먼저 능력이라는 단어를 살펴보자. 49절에 사용된 '능력'은 헬라어 명사인 '두나미스'dunamis로, 영어 단어 '다이나모'dynamo, '다이내믹'dynamic, '다이너마이트'dynamite 등의 어원이다. 이것만으로도 성령님이 임하시는 목적을 알 수 있다. 스트롱 색인사전에 의하면, 두나미스는 '힘 혹은 기적적인 능력'으로 해석된다.

다음으로 우리가 보기 원하는 단어는 '입혀지다'이다. 이 단어는 헬라어 동사로 '옷을 입다, 덮여지다'라는 의미의 '엔듀오'^{enduo}이다. 이것은 추운 날씨에 밖에 나가기 전, 겉옷이나 코트를 입는 장면을 연상시킨다. 사람들이 옷으로 자신을 덮는 모습 말이다.

예수님께서 제자들에게 말씀하시고자 했던 것은 이것이다. "너희가 나의 역동적이고 폭발적인 초자연적 능력, 즉 내 영으로 덧입혀지고 덮여지기 전까지는 세상에 나가 나를 대변하려 하지 말라."

우리가 무엇을 하든, 예수님의 지시의 요점을 놓치면 안 된다. 성령님의 부어짐을 기다리기 위해 다락방에 가는 것은 예수님의 명령이었지 요청이 아니었다. 그분은 성령께서 제자들에게 이 땅에서 예수님을 대변하고 그분의 명령을 성취할 수 있는 초자연적인 능력과 힘을 주실 것을 알고 계셨다.

성령의 세례를 받는 것이 초대 교회가 시작하는 데 필수였다면, 오늘날 우리에게는 얼마나 더 필수적이겠는가?

08 He sat down

성령세례

"우리는 기독교 운동을 만든 것이 아니라, 기독교 시장을 만들었다."

_ 션 요스트

    예수님께서는 제자들의 삶에서의 성령의 역할에 관하여 매우 진지하셨다. 주님은 그들의 유일한 소망이 성령의 능력이 그들 안에, 그들 위에, 그리고 그들을 통해 흐르는 것에 있다는 것을 아셨다. 그분의 능력 없이 제자들은 절대로 성공적으로 복음을 전할 수 없고, 마귀의 왕국에 용감하게 대적할 수 없으며, 더 나아가서 그분의 뜻을 이 땅에 이룰 수 없었다. 예수님께서는 제자들이 성령세례 받는 것을 최우선순위에 두셨다. "이것이 너희가 가장 중요하게 여겨야 하는 우선순위다. 내 능력을 기다리라."

다시 한 번 말하지만, 예수님의 이 지시는 논쟁의 여지가 없었다. 이것은 명령이었다. "가서 내 능력을 기다리라!"

그렇다면, 어떻게 하면 옷 입혀 주시고, 덮어 주시고, 승리를 위해 능력을 주시는 성령님을 만날 수 있는가? 예수님께서는 이것을 다음과 같이 묘사하셨다.

> 요한은 물로 세례를 베풀었으나 너희는 몇 날이 못되어 성령으로 세례를 받으리라 하셨느니라 (행 1:5)

예수님께서는 "성령으로 세례를 주겠다"고 말씀하셨다. 여기서 세례를 받는다는 것은 흥미로운 단어가 아닐 수 없다. 이 단어를 사용하심으로 예수님께서 말씀하고자 하시고, 우리가 이해하기 원하셨던 것은 무엇일까?

사람들은 세례를 받을 때, 마른 채로 물에 들어가서 완전히 젖은 채로 나온다. 이것을 생각해 보라. 예수님께서는 앞으로 제자들에게 어떻게 하실지에 대해 그 어떤 용어를 사용하셨어도 무관하셨으나 굳이 '세례'라는 단어를 선택하셨다. 왜 그러셨을까? 왜냐하면 세례는 온몸으로 경험하는 것이기 때문이다. 세례는 그 사람에게 전인적으로 영향을 준다. 물세례는 몸 전체를 다 덮고, 그 사람은 완전히 젖게 된다. 장면이 그려지는가?

예수님께서는 제자들에게 "내가 너희를 내 능력에 완전히 잠기게 할 것이다. 너희는 나의 영으로 완전히 덮이고, 가득차고, 흘러넘치게 될 것이다"라고 말씀하신 것이다. 주목할 것은 이런 체험은 그저 조용하게 속으로 경험하는 것이 아니라 받은 사람의 모든 것을 바꿔 놓는 외적인 체험이라는 점이다. 아무것도 이전과 같지 않고, 모든 것이 완전히 달라진다.

예수님께서 그분의 영에 우리를 '담그고, 집어넣고, 잠수시키고, 적시면' 삶을 완전히 바꿔 버리는 결과를 초래한다. 이 세례는 그저 "앞으로 나와 이 기도를 따라 하십시오"와 같은 수준의 경험이 아니다. '성령세례'는 강권적으로 임하는 완전히 혁명적인 체험이다. 성령세례를 경험한 자들 중 이전과 동일하게 남겨진 자는 아무도 없다. 당신도 이런 체험을 한 적이 있는가?

> 네게는 여호와의 영이 크게 임하리니 너도 그들과 함께 예언을 하고 변하여 새 사람이 되리라 (삼상 10:6)

능력을 주신 이유

예수님은 성령세례의 목적을 다음과 같이 상세히 설명하셨다.

> 오직 성령이 너희에게 임하시면 너희가 권능을 받고 예루살렘과 온 유대와 사마리아와 땅끝까지 이르러 내 증인이 되리라 하시니라 (행 1:8)

예수님께서는 성령세례가 그들의 삶에 놀랍고 특별한 능력을 가져다줄 것이라는 점을 분명히 하셨다. 그리고 더 나아가 이 새로운 능력을 주시는 또 다른 이유를 언급하셨다. 그것은 바로 제자들이 예수님의 '증인'이 되는 것이다.

이것을 다른 말로 하자면, 제자들이 보고 들은 것을 말과 행동으로 증언하고 직접 보여 줄 수 있게 된다는 의미이다(행 4:20). 이 능력은 부활하신 그리스도에 관한 어떠한 말에도 적개심을 드러내는 불안정하고 종교적인 세상에서 제자들이 말씀을 전파할 수 있도록 힘과 능력과 담대함을 주었다.

증인의 의미

사실 '증인'(행 1:8)이라는 단어에는 우리가 아는 것보다 더 많은 의미가 담겨 있다. 헬라어로 '증인'은 순교자 martyr의 어원이 되는 '마투스' martus이다. 이 단어의 의미는 '목숨을 희생함으로 증언하는 자'이다

우리에게는 증인이라는 단어의 이러한 정의가 다소 익숙하지 않다. 하지만 그 당시 권력자들이 제자들의 리더이셨던 예수님을 공개적으로 매질하고, 벌하고, 잔인하게 살해하였음을 잊지 말라. 로마 병사들은 조금의 동정이나 자비도 없이 예수님의 몸을 극악무도하게 파괴하였다. 예수님께서 제자들에게 "너희는 나의 증인이 되리라"고 말씀하실 때, 이러한 야만적인 처형 장면은 여전히 생생하게 그들의 뇌리에 남아

있었다. 따라서 그들은 예수님께서 증인martus이라는 단어를 사용하셨을 때, 그 말씀의 무게와 온전한 의미를 분명히 이해하고 있었다.

의심의 여지없이 제자들은 자신이 예수님의 제자라고 밝히는 것과 그분의 메시지를 전하는 것이 매우 위험한 일이었음을 알고 있었다. 유대인과 로마인들은 예수님이 부활하신 메시아라고 선전하는 것은 고사하고, 새로운 종교 운동 자체를 원치 않았다. 당시 예루살렘의 분위기는 반예수적인 감정으로 가득 차 있었다. 누군가는 '이 정도면 충분해. 종교 지도자들의 분위기가 좀 가라앉을 때까지 기다렸다가 몇 달 정도 후에나 무언가 해보자'라고 생각했을지도 모른다. 그러나 그것은 예수님의 계획이 아니었다.

잔인한 십자가 사건 후 50일째 되는 날, 예수님께서는 그분의 제자들이 그 위험 속으로 돌아가서 자신을 처형한 당사자들을 대면하도록 준비시키셨다. 예수님께서는 제자들이 앞으로 다가올 분쟁과 유혈사태를 대면하도록 준비시키셨다.

예수님께서는 그들의 존재 전부에 자신의 숨결이 스며들어야만 제자들이 살아남아 성공할 수 있다는 것을 알고 계셨다. 그들에게 두려움을 주는 위협들을 대면하기 위해서는 그분의 능력이 필수였다.

예수님께서는 종교 지도자들과 로마 통치자들 앞에 제자들이 당당하게 서기 위해서는 거룩한 담대함이 필요하다는 것을 알고 계셨다. 더 나아가, 성령께서는 그들 앞에서 제자들이 병든 자를 고치고 귀신들을 내쫓음으로 그리스도의 사랑을 분명하고 열정적으로 보여 주실 것이다. 온전한 부활의 권능이 할 수 없는 일이란 없다.

제자들은 예수님의 지시에 동의하고 그것을 받아들였다. 그 결과, 그들과 이 세상은 완전히 달라졌다. 성령의 부어짐이 그들의 삶을 영원히 바꿔 놓았다.

나의 성령세례

나는 어느 9월 아침, 주님께서 성령으로 세례 주신 날을 영원히 잊지 못한다. 그날 이후, 내 모든 것이 바뀌었다.

당시 나는 조지아 주에서 가장 빠르게 성장하는 교회를 섬기는 남침례교 목사였다. 우리의 사역은 번창하고 있었다. 새 성전을 짓고, 새로운 사역자들을 세워 모든 것이 다 잘 되고 있는 것처럼 보였다. 그러나 내 마음에 무언가가 동하기 시작했다. 나는 당시 내가 경험하는 것 이상의 무언가가 더 있으리라는 것을 알았다.

그래서 나는 조금 위험한 행동을 하였다. 내가 속한 교단의 선입견의 안경을 벗고 성경을 읽기 시작한 것이다. 다시 말해서, 성경을 읽을 때에 남침례교적 편견을 내려놓고 읽었다. 처음에는 이것이 어려웠다. 그때까지 나는 성경을 내가 속한 교단의 관점으로 해석했었다. 모든 것이 남침례교적 렌즈를 통해 굴절되었다. 따라서 새로운 시도는 마치 나의 뿌리를 배신하는 것처럼 느껴졌다.

그러나 계속 편견 없이 성경을 읽다 보니 이전까지 무시하거나 완전히 간과했던 새로운 진리와 약속들이 보이기 시작했고, 새로운 체험들을 하게 되었다. 그 결과, 하나님이 초대 교회에 주신 약속들을 나도 취할 수 있다는 것을 알게 되었다. 나도 그들이 행한 것과 동일한 영적 권세를 가지고 행할 수 있다는 것을 말이다.

그러던 중 내가 하나님의 능력을 더 알고 경험하기를 원한다는 소식을 들은 같은 지역의 목사님 한 분이 나에게 연락을 해왔다. 그는 정중하게 나를 그 지역 오순절 교단 목회자들의 기도모임에 초청하였다. 나는 초대에 응하기로 하였다. 한편으로는 그 모임이 남침례교 목사가 가면 안 되는 곳이라는 것을 알았다. 그런 모임에서 얻을 수 있는 것이라고는 문제들밖에 없다고 생각했다. 그러나 내면의 깊은 갈망이 두려움을 이겼다. 나는 하나님께 받을 은혜를 기대하며 그 모임에 갔다.

그곳에 모인 사람들은 하나님과 그분의 능력을 알고 있었다. 다 같이 기도하는 시간을 가진 후에 그들은 나에게 사역하고 기도해 주었다. 몇 분 만에 하나님의 능력이 나에게 덧입혀지고, 나를 덮고 충만히 채웠다. 나는 성령의 세례(행 1:5, 2:4)를 경험하였다. 제자들이 경험한 것과 동일한 능력의 부어짐을 나도 경험하였다. 그것은 완전히 동일했다. 그날 이후 내 삶의 모든 것이 바뀌었다. 모든 것이!

나는 세상의 돈을 전부 다 준다고 해도 결코 이전으로 돌아가지 않을 것이다. 나의 성령 체험과 세례는 참으로 영광스러웠고, 지금까지도 영광스럽다.

성령의 사람들

수세기가 넘도록 하나님께서는 베드로, 야고보, 요한에게 주신 것과 동일한 방법으로 성도들에게 성령으로 세례를 주신다. 몇몇 신학자들이나 교회 지도자들이 어떤 말을 하든, 성령세례는 하나님이 주시는 모든 것을 믿고 갈망하는 자들에게 여전히 임한다.

다음은 하나님께서 놀랍게 사용하신 위대한 사람들 중 단지 몇 명의 예이다. 이들 모두가 성령의 세례를 경험하였다.

드와이트 L. 무디

드와이트 L. 무디(1837-1899)는 매우 열정적인 복음 전도자로, 약 1억 명의 사람들에게 육성이나 글로 복음을 전한 것으로 추정된다.[1] 그는 전 세계를 순회하며 많은 경우 수만 명의 군중에게 복음을 전했다.

무디의 사역이 한참 성공 가도를 달리고 있을 때, 하나님의 뜻이었는지 이름이 알려지지 않은 한 나이 든 남자가 이제 막 뜨고 있는 이 복음 전도자에게 성령의 능력이 없음을 지적하였다. 그 남자는 손가락으로 무디를 가리키며 이렇게 말했다. "젊은이, 자네가 다음에 설교할 때는 성령님을 높여 드리게."

그리고 얼마 안 있어 무디가 시카고에 있을 때, 두 명의 신실한 여인 사라 A. 쿡과 그녀의 친구 혹스허스트 부인은 무디가 성령으로 충만해

---

1) Maas, David. "The Life & Times of D.L. Moody." ChristianityToday.com.http://www.christianitytoday.com/history/issues/issue-25/life-times-of-d-lmoody.html.

지도록 끈질기게 중보하였다.

그들은 무디에게 가서 이렇게 말했다. "우리는 당신을 위해 중보해 왔어요." 그러자 무디가 이렇게 대답했다. "저 대신 다른 사람들을 위해 중보하시지 그러세요?" 그러자 그들이 대답했다. "당신에게는 능력이 필요합니다." 이 말을 듣고 무디가 물었다. "저에게 능력이 필요하다고요? 제 생각에 저에게는 이미 능력이 있는데요?"

두 여인과의 대화는 무디를 가슴 깊숙이 흔들어 놓았다. 그들이 "당신에게는 능력이 필요합니다"라고 말한 것이 그의 머릿속을 떠나지 않았다.

마침내 일이 일어났다. 무디가 뉴욕을 방문하는 동안 하나님께서 그에게 성령을 부어 주신 것이다. 그 체험에 대해 무디는 다음과 같이 말했다.

> 놀라운 날이었어요! 도저히 형언할 수 없습니다. 저는 이 경험을 잘 언급하지 않습니다. 왜냐하면 차마 거론할 수 없을 정도로 거룩한 순간이었기 때문입니다. 저는 정말 하나님의 손을 거두지 마시라고 요청드릴 정도로 그분의 사랑을 충만히 경험했습니다. 그리고 다시 설교를 하러 나갔습니다. 설교 말씀이 달랐던 것은 아니지만, 제가 달라졌습니다! 전파하는 진리는 동일했지만, 이제는 호소력이 있고 사람들의 심령을 꿰뚫었습니다! 이전에는 단지 몇 명만 회심했다면, 이제는 수백 명이 회심하게 되었습니다.[2]

---

2) V. Raymond Edman, They Found the Secret (Zondervan, 1984) 75.

찰스 G. 피니

피니는 1792년에 태어나 1875년에 사망하였다. 제2차 대각성운동의 리더였던 그는 지금까지도 '현대 부흥의 아버지'로 불린다. 오늘날 수많은 목사와 교사들이 그의 설교와 강의, 그리고 감명을 주는 그의 명언들을 사랑한다.

그 또한 삶과 사역을 바꿔 놓는 성령 체험을 하였다. 주님 앞에 그의 전심을 쏟은 후, 피니는 다음과 같이 말했다.

> 저는 강력한 성령의 세례를 받았습니다. 성령께서 제 안에 오셔서 저의 영·혼·육을 꿰뚫었습니다. 저는 마치 온몸에 전류가 계속해서 흐르는 것과 같은 느낌을 받았습니다. 정말이지 액체와 같은 사랑이 계속해서 파도처럼 밀려오는 것과 같다고 밖에는 설명할 수가 없습니다. 그것은 하나님의 숨결 그 자체 같았습니다. 그리고 마치 거대한 날개가 저에게 부채질하는 것만 같았습니다. 어떤 말로도 제 마음에 부어진 그 놀라운 사랑을 다 형언할 수 없습니다. 그 파도들은 제가 '이 파도가 멈추지 않으면, 죽을 것 같아요. 더 이상 못 견디겠어요, 주님'이라고 부르짖을 때까지 계속해서 반복적으로 저에게 임했습니다."[3]

찰스 스펄전

많은 사람들은 그를 '설교의 황태자'로 알고 있다. 그의 메시지에는 놀라운 능력과 영향력이 있었고, 많은 경우 논란을 불러일으켰다. 그의 사역은 많은 사람들에게 영향을 끼쳤으며, 오늘날까지도 전 세계의 수

---

[3] V. Raymond Edman, They Found the Secret (Zondervan, 1984) 43-44..

많은 강대상에서 그의 삶과 사역이 언급되고 있다.

스펄전은 성령세례의 중요성을 다음과 같이 말하였다.

하나님께서 주시고자 하는 것 모두를 받기를 구하십시오. 하나님께서 '네 입을 크게 열라, 내가 채우리라'고 말씀하지 않으셨습니까? 작은 자들이여, 나아오십시오. 작은 채로 남지 마십시오. 부스러기만 먹는 자들이여, 왜 하늘나라의 양식을 풍성히 먹지 않으십니까? 큰 축복이 우리 것인데, 몇 푼에 만족하지 마십시오. 가난한 형제여, 당신의 가난을 딛고 일어서십시오. 자매들이여, 성령님이 조금 주셨다고 웅크린 자매들이여, 더 받을 수 있음을 믿고 기도로 구하십시오. 주님께서 우리의 마음을 넓히시고, 채우시고, 또다시 넓히시고, 다시 채우기 원합니다. 그래서 예수님께서 그분의 영광 안으로 우리를 받으실 때까지 매일 성령을 더 받기 원합니다.

그리고 그는 이렇게 말하였다. "나는 성령 체험 이전으로 다시 돌아가지 않겠다. 세상 전부를 나에게 준다 해도, 그것에 비하면 그저 먼지나 다름없다."[4]

우리 삶에 어떻게 적용되는가?

우리가 주지해야 할 것은, 우리가 이들과 초대 교회 제자들이 경

---

4) Charles Spurgeon, What the Holy Spirit Does in a Believer's Life (Emerald Books, 1993) 114-115.

험한 것과 같은 성령세례를 경험하지 못한다면, 세상에 영향을 끼치고자 하는 우리의 노력은 덧없을 뿐더러 완전히 실패할 것이라는 점이다.

교회에는 2천 년이 넘도록 그리스도의 능력과 사랑을 이 땅에 드러내야 하는 책임이 주어졌다. 우리에게 주신 예수님의 명령과 우선순위는 열두 제자에게 주신 것과 동일하다. 예수님께서는 열두 제자에게 은사를 주신 것과 동일하게 우리에게도 은사를 주셨고, 그와 동일한 능력이 모든 믿는 자에게 동일하게 주어졌다.

"너희가 나의 증인이 될 수 있도록 능력을 주기 위해 너희에게 성령의 세례를 주겠다"고 하신 사도행전 1장 8절은 여전히 우리 삶에도 적용된다. 따라서 우리도 이것을 경험할 수 있다. 그러한 삶의 결과는 바로 이것이다.

> 제자들이 나가 두루 전파할새 주께서 함께 역사하사 그 따르는 표적으로 말씀을 확실히 증언하시니라 (막 16:20)

> 스데반이 은혜와 권능이 충만하여 큰 기사와 표적을 민간에 행하니 (행 6:8)

우리 삶 속에서 성령의 능력의 중요성은 결코 간과되어서는 안 된다. 사도행전 1장 4-8절의 경험은 그저 소수의 선택받은 자들만의 전유물이 아니다. 이것은 모든 믿는 자에게 주어지는 것이다. 당신이 속한 교단의 안경을 벗고 아무런 선입견 없이 말씀을 읽으라. 그렇게 할 때,

당신이 새롭게 발견하게 되는 것들로 인해 놀라게 될 것이다.

| 이르되 너희가 믿을 때에 성령을 받았느냐 (행 19:2)

09. He sat down

다음 선수

"성공과 실패는 이기고자 하는 의지에 달려 있지 않다.

그것은 모두 다 가지고 있다.

중요한 것은 이기기 위해 준비하려는 의지를 가졌느냐이다."

_ 폴 베어 브라이언트(앨라배마대학 전 수석 코치)

내 출신지인 미국 남부지역에서는 미식축구가 삶의 일부이다. 토요일은 마치 차량 정체, 뒤뜰에서 하는 미식축구, 바비큐, 친구들과의 교제, 대학 미식축구 경기의 날과 같다. 스포츠는 매우 흥미롭고 특별한 것이다. 어쩌면 젊은 운동선수들의 재능일 수도 있고, 승부의 치열함일 수도 있고, 경쟁 구도일 수도 있고, 아니면 그저 경기 자체의 재미일 수도 있겠지만 말이다. 어떤 이들에게 스포츠는 종교와도 같다.

최근 어느 선선한 토요일 오후에 두 라이벌 팀이 경기하는 미식축구를 보기 위해 집에 있었다. 이 경기는 모든 팬과 선수와 감독들에게 매우 중요했다. 경쟁이 아주 치열했으며, 경기를 둘러싼 긴장감과 흥분감은 매우 고조되었다.

전반전 동안 한 팀의 핵심적인 선수 몇 명이 경기를 더 이상 할 수 없을 정도로 심하게 부상을 당했다. 짧은 시간에 그렇게 여러 명의 선수들이 부상을 당하는 것 자체가 사실 무서운 일이었다. 마치 매번 플레이를 할 때마다 누군가가 실려 나가는 것 같았다.

솔직히 나는 그 팀이 계속 경기를 할 수 있을까 싶었다. 그 팀의 감독과 선수들이 안쓰러워졌다. 내가 그랬던 것처럼 경기를 보는 모든 사람이 그 팀이 질 것이라고 생각했을 것이다. 그리고 그렇게나 많은 주요 선수들이 부상을 당했으니 남은 시즌도 쉽지 않을 것이다.

하프 타임이 되자, 그 팀의 감독은 대기실에서 선수들에게 지시를 내리기 위해 경기장을 떠나고 있었다. 그때 한 TV 리포터가 그를 인터뷰하기 위해 멈춰 세웠다. 다른 사람들처럼 그 리포터도 그와 그의 팀이 그렇게 많은 주전 선수들의 부상에 어떻게 대처할지 알고 싶었다. 그 감독은 조금의 망설임도 없이 리포터를 바라보고는 이렇게 말했다. "다음 선수! 다음 선수가 열심히 해서 부상당한 선수들의 몫을 해야만 합니다. 우린 괜찮을 겁니다." 그리고 그는 자신감 있게 경기장을 떠났다.

나는 놀랐다. 그것은 전혀 예상치 못한 반응이었다. 그가 그렇게 반응을 하리라곤 기대하지 않았었다. 사실을 말하자면, 그가 자신의 팀에 일어난 일에 대해 불평하고 징징댈 줄 알았다. 혹은 아주 구차하게 변명을 하거나 누군가에게 부상에 대해 탓할 줄 알았다. 그러나 그는 그러지 않았다. 그에게서는 원한이나 두려움이 조금도 느껴지지 않았다. 인터뷰 내내 그 팀의 주요 선수 여러 명이 경기를 치를 수 없게 된 것에 대해 그는 조금도 불안해하거나 걱정하는 것 같아 보이지 않았다. 그는 그저 "다음 선수"라고 말했다.

나는 어떻게 그가 그런 위기상황에서 그토록 침착할 수 있는지 의아했다. 의심의 여지도 없이 모든 팬도 당황했다. 어떻게 그 감독은 당황하지 않았을까? 두려움과 조바심은 다 어디로 갔을까? 우리가 모르는 무언가를 알고 있었던 것일까?

차이점은 바로 여기에 있다. 첫째, 그는 팀의 코치진들이 이때를 위해 모든 선수를 열심히 준비시켰음을 알고 있었다. 둘째, 각각의 선수들은 이 경기를 위해 열심히 연습하고 준비하였다.

만약 당신이 스포츠를 잘 안다면, 주전이 아닌 후보 선수들이 대부분의 경우 그들의 동료들이 경기하는 모습을 보고만 있다는 것을 알 것이다. 그들도 같은 유니폼을 입고 동료 선수들을 응원하는 팀원이다. 그러나 실제 경기를 할 기회는 잘 주어지지 않는다. 그러나 그날 내가 본 경기처럼, 때로는 상황이 빠르게 변하기도 한다.

어떤 팀이 경기를 이기고 지는 것, 혹은 성공적인 시즌을 보내거나 그렇지 못하는 것은 종종 줄곧 경기를 뛸 기회를 많이 갖지 못했던 한 선수에 의해 결정되곤 한다. 그는 예측하지 못한 상황에 의해 갑자기 경기에 투입된다. 그 순간 감독에서부터 팬들까지, 모두가 그를 주목하고 기대한다. 왜냐하면 그가 바로 다음 교체 선수이기 때문이다. 그에게 있어서 이것은 그동안 훈련받은 것들을 보여 줄 좋은 기회이다.

보통 감독들이 팀의 2진 후보들에게 한 명이라도 부상을 당하면 곧 투입될 수 있다고 강조한다는 것은 널리 알려진 사실이다. 모든 주전과 후보 선수들은 이러한 말을 믿고 연습 시에 전력을 다한다. 모든 선수는 연습 기간 동안의 육체적·정신적 준비 상태가 실제 경기를 좌우한다는 것을 잘 알고 있다.

[압력이 증가할 때, 당신 안에 잠재된 것이 나오게 된다.]
_ 닉 사반(앨라배마 미식축구 수석 코치)

예수님의 계획

예수님의 부활과 여러 번의 만남 이후에 제자들은 분명 이렇게 생각했을 것이다. '이제 예수님께서 돌아오셨으니, 모든 것은 정상으로 돌아올 거야. 계속 우리와 함께 계시겠지.' 그러나 그들이 예수님이 함께 하시는 삶에 안주하고 익숙해지고 있을 때쯤, 그리고 기독교가 한참 부흥하려고 할 때에 예수님께서는 생각지도 못한 일을 하셨다. 갑자기 그들을 떠나신 것이다.

예수님께서는 제자들의 눈앞에서 하늘로 올라가시고 시야에서 사라지셨다. 단 몇 초 만에 사라지신 것이다. 배웅 잔치도 없었고, 이별 선물도 없었으며, 작별의 인사를 고할 시간도, 그 어느 것도 없었다. 모두가 다 당황했다. 아무도 이런 일이 일어날 것이라고 예측하지 못했다.

아무도 이것을 기대하지 않았다. 그들에게는 마지막으로 예수님을 안아볼 기회도 없었다.

그들의 시야에서 예수님이 완전히 사라지신 후 제자들이 어떤 반응을 보였을지 상상할 수 있는가? 그들은 무슨 생각을 했을까? 어쩌면 그들은 크게 당황했을 것이다. 그들 중 누군가는 이렇게 물었을 것이다.

"이제 우리는 뭘 해야 하지?"
"다시 돌아오실까?"
"어떻게 지금 우리를 떠나실 수 있지?"
"우리가 살아남을 수 있을까?"
"이제 누가 우리를 이끌지?"
"다음엔 무슨 일이 있는 거지?"

당연하게도 이 사건은 제자들이 이해하기에는 어려운 일이었다. 이 일은 너무도 갑자기 일어났다. 그러나 예수님께서는 그분이 하셔야 할 바를 잘 알고 계셨다. 모든 것은 하나님이 계획하신 대로 이루어졌다. 그렇다. 지난 3년간 예수님은 주전이자 MVP이셨다. 그러나 예수님께서는 자원해서 경기에서 퇴장하셨고, 이제는 누군가가 그분을 내신해서 뛰어야 할 차례였다.

간단히 말해서, 예수님의 승천은 다음과 같은 메시지를 우리에게 시사한다. "내 시간은 끝이 났다. 나는 떠난다. 이제는 너희가 복음을 전파하고, 가르치고, 사랑하고, 치유하고, 격려하고, 섬길 차례이다. 이제 나가서 성취하라." 다른 말로 하자면, "다음 선수"라고 하신 것이다.

이제 시간을 조금 앞으로 돌려 보자. 그리스도의 부활과 승천 후, 그리고 그분의 앉으심이 있은 후 수세기 동안 기독교인들은 그들의 삶을 다해 신실하게 예수님과 그분의 나라를 섬겨 왔다. 역사서는 여러 세대에 걸쳐 그리스도의 뜻을 성취하는 하나님의 사람들이 행한 놀라운 일들을 기록하고 있다.

지난 2천 년 동안 수백만의 헌신된 신자들이 하나님을 위해 담대하게 피를 흘리고 목숨을 내놓았다. 어떤 이들은 정든 집을 떠나고, 또 어떤 이들은 복음을 전하기 위해 안정적인 직장을 떠나 세상의 가장 어둡고 소외된 지역으로 이주했다. 많은 신자들이 복음 전파의 사역을 감당하기 위해 잘나가는 자신의 커리어를 내려놓았다. 주님께 드리는 그들의 헌신에는 큰 희생이 따랐다.

많은 이들이 그리스도를 섬기기 위해 낯선 곳으로 부름 받은 반면, 어떤 이들은 자신이 살고 있는 지역과 교회에서 신실하게 주님을 섬겼다. 그들은 열정적으로 교회학교에서 하나님의 말씀을 가르쳤다. 그리고 다른 이들은 성전 입구에서 조용히 성도와 방문자들에게 인사를 하고 악수를 나눔으로 주님을 섬겼다. 또 많은 이들이 부랑자들을 먹였다. 자신을 전혀 드러내지 않은 채, 소망 없는 자들에게 그리스도의 사랑을 전하기 위해 열정적으로 감옥을 방문하는 자들도 있었다. 어떤 이들은 그들의 리더와 교회를 위해 장시간 중보하기도 했다. 이런 자들은 예수님을 대변하고 그분의 사랑과 능력의 매개체가 되었다. 그들은 예수님의 손과 발이 되었고, 그분의 목소리가 되었다.

지금 이 순간, 이 사랑스런 옛 성도들은 천국의 달콤한 영광 중에 있다. 그들의 목소리는 모두 하나가 되어 시간을 넘어 계속 울려 퍼진다. 그리고 당신이 귀를 기울인다면, 그들이 "다음 선수!"라고 말하는 것을 들을 수 있을 것이다. 영원을 사는 그들은 이 땅에서 그리스도의 일을 쉬지 않고 행하는 것의 중요성을 온전히 이해하고 있다. 아무것도 하지 않을 때의 결과와 위험을 그들은 아주 잘 알고 있다.

앉아 있을 것인가, 일어설 것인가

우리는 운동경기에서의 승패가 선수들이 얼마나 준비되어 있는가와 그들이 경기에 투입되었을 때 얼마나 자신의 임무를 잘 수행하는가에 달렸다는 것을 배웠다. 그리스도의 지체에게도 이와 동일한 규칙이 적용된다. 그러나 안타깝게도 교회에 있는 사람들 중 다수는 아직 준비되어 있지 않다. 그들은 일어서기보다는 앉아 있다. 왜 그들이 참여하지 않고, 준비되어 있지 않은지 그 이유는 각각 다르다.

어떤 이들은 너무 바쁘고, 어떤 이들은 너무 지쳐 있다. 또한 어떤 이들은 필요성 자체를 전혀 느끼지 못한다. 그리고 많은 이들이 그저 누군가가 그들의 역할을 대신 해주기를 바라고 있다. 그러나 이런 위험한 사고방식은 이제 바뀌어야 한다.

나는 누군가 이러한 상황의 심각성을 다음과 같이 표현하는 것을 들었다. "내가 지금 그분께 순종하지 않기에는 지옥은 너무 뜨겁고, 천국은 너무 실제적이며, 영원은 너무 길고, 내 임무는 너무나 크다."

형제자매들이여, 우리는 그저 유니폼을 입고 경기장 밖에서 열정적으로 응원하는 것 이상을 해야만 한다. 감독이 당신의 이름을 불렀다. 다음 차례는 당신이다. 앞서서 그리스도의 도를 위해 너무도 많은 것을 희생한 자들을 실망시키면 안 된다.

10 | He sat down

희석된 복음

"성령님은 몸을 찾고 계신다. 당신의 몸을 내어드릴 수 있는가?"

_ 타드 스미스

    A. W. 토저는 이렇게 말했다. "초대 교회에서 성령님을 제하면, 그들이 행했던 일들의 95%는 중단됐을 것이다." 그리고 현대의 교회를 향해 이런 뼈아픈 비판도 더하였다. "오늘날 우리가 교회로부터 성령님을 제하면, 지금 교회가 하는 일의 단 5%만이 중단될 것이다."

    안타까운 일이지만, 나는 토저의 예상이 맞을 것이라고 믿는다. 서구 교회의 모습을 보라. 그들은 매우 세련되고 전문적이지만, 무엇보다도 능력이 없다.

레너드 레이븐힐은 이렇게 말했다. "오늘날의 기독교는 너무도 정상 이하이기 때문에, 만약 누군가가 정상적인 그리스도인처럼 행동하기 시작한다면, 그것이 비정상적으로 보일 것이다."

교회 개척의 최고 전문가이자 신약의 3분의 2를 저술한 바울은 교회가 어떻게 예수님의 메시지를 세상에 전해야 하는지 아주 분명히 말했다. 아래 구절은 그가 어떻게 사역했는지를 보여 준다. 우리는 이것으로부터 교훈을 얻을 수 있다.

> 내 말과 내 전도함이 설득력 있는 지혜의 말로 하지 아니하고 다만 성령의 나타나심과 능력으로 하여 너희 믿음이 사람의 지혜에 있지 아니하고 다만 하나님의 능력에 있게 하려 하였노라 (고전 2:4-5)

> 하나님의 나라는 말에 있지 아니하고 오직 능력에 있음이라 (고전 4:20)

> 이는 우리 복음이 너희에게 말로만 이른 것이 아니라 또한 능력과 성령과 큰 확신으로 된 것임이라 (살전 1:5)

참으로 능력 있는 말씀이다. 성경을 읽으며 이러한 구절들을 그냥 지나칠 수 없다. 우리는 이 구절들을 유념하고, 바울이 사역에 관하여 이야기한 것을 붙들고 굳게 서야 한다. 이 구절들은 우리를 격려해 줄 뿐 아니라 동시에 우리의 현 상태를 드러낸다. 이 구절들을 공부할 때,

우리는 바울의 사역의 세 가지 공통분모를 발견하게 된다. 그것은 바로 말씀, 능력, 그리고 성령님이다.

바울은 본인이 어떻게 복음을 전하였는지 아주 분명히 하고 있다. "내가 너희에게 나아갈 때, 나는 그저 화려하고 유려한 말만 가지고 나아가는 것이 아니다. 나는 하나님의 성령의 능력을 보여 주고 드러낼 것이다."

만약 이것이 바울이 사역한 방식이었다면, 우리의 방식도 동일해야 한다는 생각이 들지 않는가? 우리도 그와 동일한 기대와 갈망을 가져야 하지 않겠는가?

그렇다면 무엇이 문제인가? 우리는 어디에서부터 놓친 것일까? 우리도 예수님이나 바울이 한 것처럼 설교하고 예배하지 않는가? 사실 우리도 그렇게 한다. 그렇다면 왜 말씀에 있는 이런 일들이 우리 교회에서는 일어나지 않는 것일까?

내 생각은 이렇다. 오늘날 우리가 세상에 전하는 복음에는 하나님의 능력이 없거나 아주 적게만 나타난다. 그렇다면 "이렇듯 복음이 무기력해진 것은 도대체 누구의 잘못인가?"라는 질문에 이르게 된다. 나는 이 책임이 교회 지도자들에게 있다고 생각한다.

지난 몇 십 년간, 교회 지도자들은 신약과 초대 교회에 나타난 것보다 훨씬 낮은 수준의 기독교를 만들어냈다. 안타깝게도 오늘날 세상에 전해지는 복음의 모습은 잘 정돈되었으나 제한적이며, 무엇보다도 능력이 없다는 것을 누구도 부인할 수 없다.

토마스 아퀴나스는 많은 돈을 앞에 펼쳐놓은 교황 이노센트 2세를 만났다. 교황은 "교회는 더 이상 '금과 은이 나에게는 없으나'라고 말하던 시대에 있지 않다"라고 하였다. 그러자 아퀴나스는 "맞습니다, 교황님. 하지만, 더 이상 절름발이에게 '일어나 걸으라'라고도 말할 수 없는 시대에 살고 있지요"라고 답했다.

여기까지 오는 동안 어느 시점부터인가 교회는 성령님을 신경쓰기보다는 사람을 더 신경쓰는 교회가 되었다. 오늘날 교회 지도자들은 하나님을 찾는 자들의 기분을 상하게 하는 것을 두려워하는 것 같다. 물론 나는 그들의 의도를 이해한다. 우리 중 누구도 예수님을 발견하는 과정 중에 있는 사람들에게 걸림돌이 되기를 원치 않는다. 그러나 너무도 많은 목회자들이 믿지 않는 자들에게 다가가기 위해 성령님을 가둬 놓았다. 그들은 예배 중 해도 되는 일과 해서는 안 되는 일의 범위를 규정지었다.

이러한 교회 지도자들 중 상당수는 성경에 나와 있지 않은 성령님의 드러나심이 있게 될 경우, 사람들이 교회를 떠나게 되지는 않을까 두려워한다. 또한 예배 중에 일어나는 일들을 통제하기 위해 특정한 성령의 은사를 사용하는 것을 권장하지 않거나 금지한다. 그들이 그렇게 하는 이유는 무엇일까? 그것은 그들이 사람들이 불편해하는 것을 원치 않기 때문이다. 그들은 사람들에게 복음을 들을 수 있는 안전한 장소를 제공하기 원한다.

그들의 행동은 고상해 보일지는 모르지만, 영적으로는 앞뒤가 전혀 맞지 않는다. 이런 방식은 무가치하다. 바울도, 예수님도 이러한 방식으로 사역하지 않으셨다. 그들의 사역 방식은 사람을 신경쓰는 방식이 아니었다.

예수님께서는 아무것도 숨기지 않으셨다. 예수님께서는 하나님의 능력을 공개적인 장소와 사적인 장소 모두에서 보이셨다. 그분은 담대히 말씀을 전하셨다. 많은 경우에 예수님의 메시지들은 듣는 이들에게 공격적이며 불편했다. 예수님께서는 사람들 사이에 불편한 감정이 일어나는 것을 전혀 신경쓰지 않으셨다.

바울도 '안전한 복음'을 가르치지 않았다. 바울은 희석되지 않은 복음을 전하고, 하나님께서 그분의 능력을 모든 사람이 볼 수 있도록 드러내시기를 담대히 기대하였다. 그는 단 한 번도 더 많은 사람들을 구원하기 위해 성령님의 역사를 제한하지 않았다.

1800년대 감리교 목사이자 구세군의 창시자인 윌리엄 부스는 이렇게 말했다. "앞으로 올 세기에 우리가 마주칠 가장 큰 위험은 성령님이 부재하시는 종교, 그리스도가 없는 기독교, 회개가 없는 용서, 하나님이 없는 정치, 그리고 지옥은 없고 천국만 이야기하는 것이 될 것입니다." 이 시대는 마치 그의 예언의 성취인 것만 같다.

무능한 교회들

바울과 예수님의 사역 중 대부분의 행동들은 현재 미국의 주류 교회에서는 허락받거나 지지받지 못할 것이다. 그 이유는 여기에 있다. 예수님과 바울 모두 귀신을 내쫓고, 병든 자를 고치며, 30분 이상 설교하었고, 기도가 필요한 자들에게 안수하였으며, 죽은 자를 살렸고, 죄를 지적하였으며, 거룩함을 요구하였기 때문이다. 무엇보다도 가장 큰 문제는 바울이 방언을 했다는 것이다.

기독교의 창시자인 예수님과 신약의 3분의 2를 저술한 바울이 이 시대의 교회에서 받아들여지지 않거나 환영받지 못할 것이라는 사실이 놀랍지 않은가? 그들이 전한 메시지와 사역 방식은 오늘날의 기준에는 너무 공격적이며 비현실적이라고 여겨질 것이다.

내 생각에 복음을 전하기 위한 이런 '안전한 교회식' 접근법은 극도로 무기력한 거세당한 교회를 탄생시켰다. 세상에 더 잘 보이고자 하는 욕심 때문에 우리는 더 연약하고 무능력해졌다.

나아가 여러 운동과 교단들은 그들의 무능력함을 정당화할 자신들만의 교리와 신학적 입장을 만들어 내었다. 어떤 신학자들은 "하나님은 더 이상 '그런 일'을 하시지 않습니다"라고 당당하게 이야기한다. 혹은 "그때에는 기적이 필수였지만, 지금은 그렇지 않습니다"라고 말하거나 "기적과 이사는 마지막 사도의 죽음과 함께 중지되었습니다"라고 이야기한다. 이러한 상황에 대해 나의 친구 제이슨 윌리스는 이렇게 말하였다. "이것은 마치 포도주를 다시 물이 되게 하려는 것과 같다."

내가 마지막으로 신약을 읽었을 때만 해도, 요한복음 14장 12절의 말씀에 유통기한이 있음을 발견하지 못했다.

| 내가 하는 일을 그도 할 것이요 그보다 큰 일도 하리니

언제 행할 것인가?

존 윔버는 마약중독자였다가 극적으로 구원받고 마침내는 빈야드 크리스천 펠로우쉽Vineyard Christian Fellowship의 창설자가 되었다. 그는 구원받고 얼마 되지 않았을 때 큰 흥미를 가지고 성경을 읽기 시작했고, 가족과 함께 교회에 출석하였다.

몇 주 동안 그는 마치 죽은 것만 같은 찬양 예배를 지켜보았다. 그리고는 어느 날 예배가 끝난 후 가까이 있던 봉사자에게 이렇게 물었다. "그 일은 언제 하나요?" 봉사자는 그의 질문을 제대로 이해하지 못했다. 그래서 이렇게 말했다. "무슨 일을 말씀하시나요?" 존 윔버는 망설임 없이 말했다. "신약에 나오는 일들 있잖아요. 기적을 행하고, 절름발이를 치유하고, 장님이 눈을 뜨고, 죽은 자가 살아나는 거요. 예수님께서 하신 그런 일들 말이에요." 이에 그 봉사자가 대답했다. "음, 저희는 그런 일은 하지 않습니다." 그러자 존 윔버가 이렇게 말했다. "고작 이것 때문에 내가 마약을 포기한 건가요?"

정말 이런 방식이면 안 된다. 언제부터인가 복음은 개조를 당했고, 그 결과 아주 약해졌다. 세상은 지금 고통 중에 있고, 제한되거나 희석되지 않은 순전한 복음을 필요로 한다. 조용하고 고풍스러운 현재의 복음은 교회와 사회에 악영향을 끼쳤다. 이로 인해 우리는 잃어버린 영혼을 구하는 전쟁에서 지고 있으며, 이것이 바뀌지 않는 이상 계속해서 지게 될 것이다.

성령님을 풀어놓으라!

11 | He sat down

교회 놀이

"이제는 11시 정각에 시작해서 12시에 마치는 교회 놀이를 끝낼 시간이다."

_ 밴스 해브너

    이번 장은 이 시대를 잘 드러내는 에드 스테저의 발언으로 시작하려 한다. 그는 다음과 같이 말했다. "만약 사람들이 당신의 교회에는 감명을 받으나 복음에는 감명을 받지 못한다면, 분명 당신이 잘못 사역하고 있는 것이다." 맙소사! 나는 '어쩌면 우리가 잘못 사역하고 있구나'라고 생각한다.

    한 연구는 세상의 문화가 점점 기독교에 무관심해지고 있음을 보여 준다. 시간이 갈수록 사람들의 불신앙은 점점 커지고, 무신론은 일종의 사회적 지위의 상징이 되었다. 복음을 향한 사람들의 무관심은 점점 확산되고, 우리의 방식이나 메시지를 사람들이 싫어하게 되었다. 현재 대부분의 사람들이 우리의 메시지를 받아들여야 할 이유를 전혀 찾지 못하고 있다. 안타깝게도 그들의 무신론은 정당한 것이 되어가고 있다.

대다수의 불신자들은 지금 설교되고 있는 21세기식 복음의 효용성이나 자신들과의 연관성을 찾는 데 어려움을 겪고 있다. 어떤 면에서 그것은 매우 당연하다. 그들은 "왜 내가 당신들의 편협한 세계관을 받아들여야 하는가? 당신들의 하나님이 존재한다는 증거가 어디에 있는가? 당신들의 신앙이 이 세상에 어떤 변화를 가져오고 있는가?" 하고 의문을 품는다. 이것은 매우 정당한 질문이며, 교회는 이러한 질문에 반드시 답해야 한다.

어쩌다 이렇게 되었을까?

오늘날 예수님의 복음은 좋은 의도를 가진 웅변가들에 의해 하나님이 과거 성경시대에 어떤 일들을 하셨는지에 대한 설교와 메시지로 축소되었다. 그러나 복음에 대한 그들의 묘사와 이해의 대부분은 과거에 고정되어 있다. 그러다 보니 그들은 의도치 않게 그들의 성도들로 하여금 그들의 삶과 예배에서 하나님의 능력이 드러나는 것을 기대하지 않도록 만들었다.

그러나 교회는 잃어버린 영혼들과 소망 없는 세상에게 주는 복음의 매력이 '복음의 능력의 실제성'에 있음을 잊어서는 안 된다. 오늘날 복음의 실제성과 현실성 말이다. 불신자들과 회의론자들은 복음을 믿어야 할 이유를 찾고 있다. 그리고 하나님의 능력의 실제적인 드러남이 종종 그들이 예수님을 믿게 되는 데 필요한 유일한 것일 때가 많다.

가장 큰 문제

오늘날 많은 교회들이 복음의 본질을 잘못 대변하고 있다. 믿는 자들의 삶과 교회에서 하나님의 능력과 임재가 나타나지 않고 있다. 그 이유는 무엇일까? 일정 부분은 오늘날 교회 안에 자기애로 가득 찬 설교자들이 너무 많다는 데 있다. 그들은 복음을 대변하기보다는 세상의 문화에 맞게 현실성 있는 설교를 하는 데 더 관심이 있다. 그리고 그들은 자신들의 가치와 효용성을 얼마나 많은 성도들이 출석하느냐로 가늠한다. 그러다 보니 하나의 숫자놀음이 되어 버렸다. 그들은 세상적 수치에 의해 움직인다.

더 나아가서, 많은 목회자들과 교회의 리더들이 하나님을 경외하는 것이 무엇인지 잘 모른다. 그들에게 금식하고, 기도하고, 하나님의 얼굴을 구하기 위하여 오랜 시간을 들이는 것 등은 너무도 힘든 일이자 시간낭비이며, 은혜의 하나님이 우리에게 요구치 않으시는 불필요한 일로 여겨지고 있다. 그러는 와중에 성도들을 더 많이 유치하기 위해 SNS로 무엇이 유행인지를 확인하는 데는 훨씬 더 많은 시간을 들인다. 포스팅과 댓글에 사로잡혀 버린 것이다.

안타깝게도 이러한 설교자들은 하나님으로부터 아무런 메시지를 받지 못한 채 강대상에 오른다. 그들은 그저 연설을 할 뿐이다. 그들은 성경을 공부했는가? 그렇다. 그들은 기도했는가? 분명히 했을 것이다. 그러나 그들 중 대부분은 하나님을 만나 그분의 음성을 듣고, 그분의 메시지를 받고, 땅을 진동하는 능력으로 충만하기 위해 좁은 길을 지나 산을 오르지는 않았다.

그런데 그들은 매주 상하고, 깨어지고, 절망에 빠진 자들을 대면한다. 응급 상황과 위기에 처한 자들 혹은 자살 충동을 느끼고 있는 자들 말이다. 어떤 이들은 말기 암환자이거나 결혼생활이 깨어지기 직전인 부부들도 있다. 자해하는 청소년들도 있고, 학대받은 중독자들도 있다. 두려움과 죄책감과 수치심과 절망에 사로잡힌 자들이 교회의 문을 열고 성경에 나와 있는 하나님을 만나러 들어온다. 그리고 바로 그곳, 삶과 죽음의 경계에 목회자들이 서 있는 것이다. 그리고 그 결과는 어떠한가? 보통 어떤 일이 일어나는가?

안타깝게도 이 웅변가들과 전문적인 목회자들 중 많은 이들의 향로에는 불타는 숯이 없다(민 16:46). 능력이 없는 것이다! 제단에서 나온 불이 그들의 입술에 닿지 않았고, 그들의 목소리에는 절박함이 없으며, 디모데후서 3장 5절에서 말하는 '경건의 모양은 있으나 능력이 없는 모습' 그 자체인 것이다. 그들은 유다서 12절에 묘사된 '물 없는 구름'이며, 베드로가 말하는 '물 없는 샘'(벧후 2:17)이다.

오늘날 우리는 찰스 스펄전이 예견했던 "양을 먹이는 목자들 대신,

염소를 즐겁게 해주는 광대들로 교회가 가득 차는 때"를 목도하고 있다.

진정 필요한 것

오늘날 목회자들과 리더들은 대부분 자격증을 가지고 있다. 다들 좋은 신학교를 졸업하고, 멋진 액자에 넣어 사무실에 걸어 둔 학위도 여러 개 가지고 있다. 그들의 책장은 자신들이 교계에서 어떤 위치에 있는지에 대한 자료들로 가득하다. 그들은 최근 가장 영향력 있는 목회자가 강단에 서는 컨퍼런스에 참석하며, 어떻게 하면 '성공적으로 성장하는 교회'를 목회할 수 있는지에 대해서는 끊임없이 배우고자 한다. 지식과 기술을 개발하고자 하는 그들의 갈망은 참으로 존경스럽다. 그렇지만 그것만으로는 충분하지 않다. 우리에게는 단지 지식을 넘어선 능력이 필요하다! 우리에게는 하나님이 필요하다!

현재 다수의 목회자들은 성도들이 회개와 거룩함과 의로움으로 돌아오도록 권면하는 것을 어려워한다. 왜냐하면 그렇게 하다가는 성도들의 기분을 상하게 하여 그들의 평판을 손상시킬 것이고, 그렇게 되면 사역이 위협받기 때문이다. 그래서 그들은 안전지대에 머문다. 시대의 흐름에 앞서가는 척하며 현실적인 메시지를 전하는 것을 자랑스러워하며, 어떻게 하면 삶에서 성공할 수 있는지에 대한 메시지만을 지속적으로 가르친다. 그들의 설교는 성결함보다는 행복을 더 강조한다.

오늘날 너무도 많은 교회들이 닥터 필이나 오프라 윈프리 쇼 같은 토크쇼와 같이 되어 버렸다. 청중들은 어떻게 하면 풍족하고 만족스러운 삶을 살 수 있는지에 대한 이야기들을 듣는다. 그들은 이 땅에서의 즐거운 삶을 보장해 주는 비법과 공식들을 배운다. 그러나 거기엔 하나님의 능력이 드러나는 일은 거의 없다. 많은 경우, 과연 예수님께서 들으시면 알아보실까 싶을 정도로 복음이 변질되고 축소되었다.

오늘날 우리 사회에서 교회에 출석하는 주목적은 그저 복 받고, 필요를 공급받고, 격려받는 것이 되어 버렸다. 예배란 좋은 음악과 웅장한 연출, 그리고 현실에 도움이 되는 설교에 관한 것이 되어 버렸다. 그리고 그저 즐기라며 사람들을 예배에 초청한다. "우리 교회가 얼마나 잘 운영되는지 와서 보십시오"가 표어가 되어 버렸다. 션 요스트는 이러한 우리의 모습을 아주 적절히 묘사했다. "우리는 기독교 운동을 만든 것이 아니라, 기독교 시장을 만들었다."

미국에서 성도들의 예배 출석률이 지속적으로 감소함에도 불구하고, 교회 지도자들은 믿지 않는 자들에게 교회를 더 효과적이고, 현실성 있으며, 구미가 당기게 만들어 줄 도구를 찾는 데에만 혈안이 되어있다. 우리는 이미 앱이며, 레이저 조명, 고화질 장비, 좋은 음향, 웹사이트, 인터넷 예배, 홀로그램 장비 등 최신의 것들은 다 가지고 있다. 이 모든 새로운 기술들에도 불구하고, 매년 예배 출석률은 급격히 줄어들고 있다. 수치를 살펴보면 깜짝 놀랄 것이다.

1906년에는 미국 인구의 80%가 교회에 출석했다. 그러다가 1986년에는 그 숫자가 40%로 줄어들었다. 그리고 지금은 인구의 18%에도 못 미치는 사람들만이 교회에 정기적으로 출석한다. 이대로라면 2050

년에는 미국 인구의 10%도 안 되는 사람들이 교회에 출석할 것으로 예측된다.

세상의 잃어버린 영혼들과 하나님을 찾는 사람들에게는 뛰어난 장비나 기술, 혹은 첨단의 연출이 필요한 것이 아니다. 그들은 성경에 나와 있는 하나님을 보고, 느끼고, 그 하나님의 능력을 직접 경험하고 싶어 한다.

어떻게 하면 바꿀 수 있을까?

솔직히 이것은 다음의 몇 가지 질문을 우리에게 해봄으로써 시작할 수 있다.

- 당신의 영혼은 하나님의 전부를 갈망하는가?
- 당신은 은밀하게 기도하는 가운데 그분의 부활의 권능을 구하며 가슴 깊이 울부짖는가?
- 당신의 사역에 능력이 나타나지 않음으로 인해 하나님 앞에서 눈물을 주체하지 못할 정도로 흘린 적이 있는가? 당신이 마지막으로 이사야처럼 "나에게 화가 임하였다!"(사 6장)라고 부르짖은 것은 언제인가?
- 하나님이 응답하실 때까지 음식을 먹지 않으며 금식했던 것은 언제인가? 당신의 교회와 도시와 자신의 영혼을 위해 마지막으로 울며 기도했던 것은 언제인가?
- 당신의 기도 제단은 어디에 있는가? 아니, 당신은 기도의 제단을 가지고 있는가?

당신의 교회에는 있는가? 아니면 그것이 너무 구식이라고 생각하는가? 그런 개념 자체가 너무 불편한가? 너무 공개적인가? 너무 번잡스러운가? 성도들의 사생활을 침해하는 것이라고 생각하는가? 아니면 그것을 옆으로 치워 버렸는가? 그런 것을 하기에 자신이 충분히 성장했다고 생각하는가? 그것이 부끄럽다고 생각하거나 불필요한 것이라고 생각하는가? 체면을 차리려는 마음이 그리스도를 위하여 죽고자 하는 마음을 메마르게 하였는가?

- 지도자들이여, 당신의 성도들이 마음과 혼이 깨어져 주님 앞에 엎드려 흐느끼며 기도한 것이 언제인가? 아니면 다른 이들 앞에서 엎드려 기도하기에는 너무 교양 있고 예의 바른 것은 아닌가?
- 우리에게 주님을 섬기라고 손짓하는 투박한 십자가와 눈물 젖은 손수건은 어디로 갔는가?

더 이상 희석하지 말라

우리는 더 이상 하나님의 마음을 외면할 수 없다. 우리는 믿음, 회개, 헌신, 희생, 순종 그리고 성결함을 포함한 온전한 복음을 전해야 한다.

안타깝게도, 위와 같이 영원해야 할 복음의 주요 항목들은 좀 더 현실적이고 유한 복음에 밀려나 버렸다. 좀 더 수용하기 쉬운 복음, 사람들의 심기를 덜 건드리고 덜 간섭하는 종교에 말이다. 전 세계의 목회자들이 '우리가 이걸 좀 유하게 만들고 불편한 부분을 없애면, 사람들이 우리의 메시지에 좀 더 끌릴 거야'라는 사고방식을 적극적으로 수용했다. 그러나 이런 접근방식은 완전히 실패했다. 이런 방법은 통하지 않았고, 앞으로도 통하지 않을 것이다.

"왜 우리는 예수님을 멋져 보이게 만들려고 그렇게 노력하는가? 예수님은 우리가 포장할 필요가 없으신 분이다"라고 한 매트 챈들러의 말이 옳았다.

분명한 것은 세상이 더 이상 유행에 부합하는 설교자나 '멋진 교회'를 필요로 하지 않다는 것이다. 세상은 하나님의 부활의 권능, 즉 성령이 충만하여 차고 넘치는 사람을 절실히 필요로 한다. 아무런 변명도, 제약도 없이 그분의 전부를 경험하기 원하는 하나님의 사람을 기다린다.

> 빌기를 다하매 모인 곳이 진동하더니 무리가 다 성령이 충만하여 담대히 하나님의 말씀을 전하니라 (행 4:31)

아멘! 주여, 그렇게 하여 주소서!

12 | He sat down

달란트 비유

"당신은 하나님에 의해, 그리고 하나님을 위해 지음 받았다.
그것을 이해하기 전까지 결코 삶을 제대로 이해할 수 없다."

_ 릭 워렌

무언가를 경험하고 나서, 차라리 그것을 경험하지 않았으면 좋았겠다고 생각해 본 적 있는가? 그것이 정말 좋을 것이라고 생각했지만 "이런, 이건 아니야!"라고 했던 경험 말이다. 예를 들어, 롤러코스터를 타고 코스 꼭대기로 올라가 아래를 보려 했으나 너무 높아서 땅이 보이지 않는 경우, 혹은 친척 모임에 가서 문득 그 자리에 모인 괴짜들이 당신의 친척이라는 사실을 깨달았을 때, 소개팅에 나갔는데 '이거 왠지 끝이 좋지 않겠는데?'라는 생각이 드는 경우 말이다.

한 성경말씀과 관련하여 나는 마침 그런 생각이 든다. 좀 이상하거나 당혹스럽게 들리겠지만, 마태복음 25장 14-30절 말씀은 나를 두렵게 한다.

이 이야기를 읽어 보았는가? 정말 이 구절을 제대로 읽어 보았는가? 이 열 여섯 절에는 여러 감정과 드라마와 두려움과 놀라움이 내포되어 있다. 이 구절엔 회색지대란 없다. 오해의 소지나 희석될 만한 여지가 없다. 그 누구도 이 구절에 담긴 분명한 의도를 외면할 수 없다.

이제 이야기를 시작할 테니, 안전벨트를 단단히 메고 꽉 붙들라!

하늘나라

예수님께서는 마태복음 25장 1절에서 "천국은 마치"라고 말씀을 시작하신다. 예수님께서는 시작하실 때부터 이 이야기가 바로 지금이나 앞으로나 하늘나라에서 어떻게 행하여지는지를 보여 주는 것이라고 말씀하신다. 이 점을 놓치지 말라. 또한 주님은 동시에 이 땅에서 하나님 나라가 어떻게 역사하게 될지도 말씀하신 것이다.

제자들과 함께 있을 때, 예수님께서는 오랜 기간 동안 먼 나라로 여행을 간 한 남자의 이야기를 말씀하신다. 이 우화의 중심인물은 보통 사람은 아니다. 그는 아주 부유하며, 모험적이고 부지런하고 영민한 사업가로 명성을 쌓은 사람이다.

이 부유한 사업가가 여행을 떠나기 전, 그는 세 명의 가장 신실한 종들을 모아서 각 사람에게 그의 소유 일부를 나누어 주었다. 물론 이 종들은 이 사람과 오랜 시간 함께하였으며, 그의 신뢰를 얻었다. 그는 각 종들의 강점과 약점, 그들의 능력과 부족함을 잘 알고 있었다. 그러므로 그 종들은 각각 그들의 능력대로 달란트를 받았다. 한 종은 다섯 달란트를 받았고, 다른 종은 두 달란트, 그리고 마지막 종은 한 달란트를 받았다.

주인은 분명한 이유가 있어서 그들 각각에게 달란트를 나누어 주었다. 궁극적으로 그는 종들이 그가 없는 동안에 받은 달란트들을 활용하여 그의 사업을 운영하기를 기대했다. 다른 말로 해서 그의 사업을 키우고, 그의 영향력을 넓히고, 그의 부를 증가시키기 원한 것이다.

150만 달러!

아마도 당신은 '한 달란트가 얼마쯤이나 될까?' 생각하고 있을 것이다. 성경시대에 다섯 달란트의 금이나 은을 소유한 사람은 오늘날의 기준으로는 수백만 달러를 소유한 부자와 같다고 한다. 정확히 얼마였는지는 해설자마다 다르지만, 대부분 예수님 시대에 일반적인 노동자 한 사람이 한 달란트를 벌기 위해서는 여러 해 동안 일해야만 했을 것이라고 말한다. 현재 우리 경제로 보면, 한 달란트는 미화로 약 30만 달러 정도가 되는 것이다.

그렇게 계산했을 때, 다섯 달란트를 받은 종은 150만 달러를 맡은 셈이다. 정말 많은 돈이다! 그리고 두 달란트를 받은 종은 약 60만 달러, 한 달란트를 받은 종은 약 30만 달러를 맡은 것이다.

사업을 하는 사람이라면 절대로 이토록 많은 돈을 모르는 사람에게 주거나 돈 문제에 있어서 온전히 신뢰하지 않는 사람에게 맡기지는 않을 것이다. 그런 면에서, 그 주인이 각 사람의 사업적 재능을 잘 알았고(15절) 그들에게 기대가 컸던 것이 분명하다. 또한 그 종들은 자신에게 주어진 돈을 주인의 영향력을 넓히고 이윤을 남기는 데 사용해야 함을 알고 있었다.

결산하다

이 이야기는 여기서부터 흥미로워진다. 주인은 각 종들에게 달란트를 나눠 주고 떠났다. 우리는 정확히 얼마간 주인이 떠나 있었는지 알지 못한다. 그러나 19절에 보면, 예수님께서 말씀하시길 "오랜 시간이 지나고 그 주인이 돌아와 종들과 결산하였다"라고 하셨다.

그가 돌아와서 한 일이 무엇이었는가? 그는 종들과 함께 결산하였다. 솔직히 말해서, 말씀 중 이 부분은 나를 매우 불안하게 만든다. 나는 이 구절을 읽을 때마다 심장이 콩닥콩닥 뛴다.

그가 '결산'을 하였다는 것이 도대체 무슨 의미일까? 결산이라 함은 우리 모두에게도 중요한 의미를 지니는 비즈니스 용어이다. 결산이라는 단어의 정의는 다음과 같다. 그 의미는 '돈을 지불하거나 받아야 할 잔금을 받다, 빚을 갚다, 빚지거나 받아야 할 돈을 수금하다, 이전에 합의한 대로 계산을 하거나 차액을 변제하다'이다.

우리 사회에서는 이러한 일이 매일처럼 일어난다. 예를 들어, 식당에서 서빙을 하는 종업원들은 하루 일과를 마칠 때 매니저나 주인과 결산을 한다.

또 다른 예를 들어 보겠다. 어릴 적에 나는 앨라배마 주 버밍햄에 있는 경기장에서 앨라배마 주립대학 미식축구팀의 스케줄 표를 팔 기회가 있었다. 그 대학과 고용 계약을 맺은 내가 해야 할 일은 경기 스케줄 표 상자를 가지고 길가에 나가서 그 책자를 파는 것이었다. 나는 하나를 팔 때마다 약간의 이윤을 남겼다.

경기가 시작하기 직전까지 하루 종일 일한 후, 나는 판매한 모든 돈을 가지고 경기장 행정본부로 가서 대금을 지불하였다. 다른 말로 하자면 그들과 '결산'한 것이다. 내가 만약 500부를 받아왔다면, 500부만큼 결산하였다. 만약 내가 가지고 온 돈이 모자라면, 나의 사비로 그것을 메워야 했다. 다른 말로 하자면, 내가 그들에게 빚진 만큼 갚아야 했다. 나는 그들이 나에게 준 스케줄 표를 통해 이윤을 기대한다는 것을 분명히 알고 있었다. 내가 일을 잘해서 한 부도 빠짐 없이 다 판 날은 그들도 돈을 벌고, 나도 돈을 벌었다. 거기에 보너스로 나는 공짜로 경기를 관람할 수 있었다!

마태복음 25장에 언급된 주인은 그가 없는 동안 종들이 그의 돈을 가지고 얼마의 이윤을 남겼는지 보고 싶어 했다. 그는 당연히 얼마간의 이윤과 사업의 성장을 기대하고 있었다.

땅에 묻지 말라

20-25절을 보면 세 명의 종들이 각각 그들이 받은 달란트로 무엇을 성취했는지가 드러난다. 다섯 달란트를 받은 자는 그것을 투자하여 두 배로 만들었다. 그는 150만 달러를 가지고 300만 달러를 만든 것이다! 정말 잘했다!

두 달란트를 받은 종도 그것을 두 배로 만들었다. 그의 몫은 60만 달러에서 120만 달러가 되었다. 아주 좋다!

그리고 한 달란트를 받은 종은 제대로 하지 못했다. 그의 행동은 좀 이상하다. 주인이 준 돈을 땅에 묻은 것이다. 그는 구멍을 파서 30만 달러를 땅에 묻고 그것을 그냥 덮어 두었다.

아무리 봐도 이것은 이치에 맞지 않는다. 당시에도 은행은 존재했고, 어쩌면 대출 중개업자들도 있었을지 모른다. 그는 최소한 안전하게 은행에라도 넣어 놨어야 했다. 그러나 그 대신에 그는 주인이 준 돈을 땅에 묻어 두었다. 아마도 그는 돈을 묻어 놓은 곳을 노심초사 지켜야 했을 것이다. 그러지 않았겠는가? 그것을 누가 훔쳐가지 않도록 지켜야 했을 것이다. 그는 자신의 시간을 이윤을 창출하기보다는 이미 있는 것을 지키는 데 허비했다.

도대체 왜 30만 달러를 땅에 묻은 것일까? 이 질문에 대한 답은 24절과 25절에 있다.

> 한 달란트 받았던 자는 와서 이르되 주인이여 당신은 굳은 사람이라

> 심지 않은 데서 거두고 헤치지 않은 데서 모으는 줄을 내가 알았으므로 두려워하여 나가서 당신의 달란트를 땅에 감추어 두었었나이다 보소서 당신의 것을 가지셨나이다

두려움이 그를 사로잡아 아무것도 하지 못하게 하여 이윤을 창출하지 못하게 된 것이다. 무엇이 그를 두렵게 하였을까?

그것은 어쩌면 실패에 대한 두려움이었을 수 있다. 아니면 다른 종들처럼 잘 하지 못할 것에 대한 두려움이었을 수도 있다. 아니면 그가 주인의 돈을 좋지 않은 거래로 다 잃게 된다면, 자신이 잘못될지도 모른다고 고민한 것일 수 있다. 물론 이런 걱정들을 할 수는 있다. 그러나 중요한 것은 그가 겁을 먹었다는 것이다. 그는 실수하는 것이 걱정되고 무서웠다.

그는 아무것도 하지 않았다

가장 우려되는 점은 그가 그 한 달란트를 가지고 어떠한 것도 하려한 정황이 없다는 것이다. 모든 면에서 이런 행동은 이기적인 것이었다. 그는 두 친구가 주인의 영향력을 키우기 위해 열심히 일하는 동안, 그저 땅의 한 구획을 지키며 대체로 태평한 삶을 살았다. 그는 그저 바라만 보았고, 다른 두 종은 일을 했다.

안타깝게도 그 종은 자신의 주인이 그렇게나 큰돈을 맡김으로 보

여 준 신뢰를 온전히 이해하지 못했다. 그는 주인이 자신에게서 임무를 수행할 준비가 된 것과 그러한 특별한 가치가 있음을 보았다는 사실을 알지 못했다. 그는 두려움이 자신에게서 부를 창출할 수 있는 '능력'을 앗아가도록 허락했다.

더 자세히 살펴보자. 주인은 모든 종들과 결산하였다. 그들은 한 명씩 주인 앞에 서서 받은 달란트로 무엇을 했는지 발표하였다. 자신들이 한 일을 결산한 것이다.

두 종이 어떻게 말을 시작하는지를 주목하라. 그들은 모두 동일하게 "주여, 당신은 나에게 얼마 얼마의 달란트 주었고, 나는 얼마 얼마를 벌었나이다"(20, 22절)라고 말하였다. 결산의 날에 그들은 주인의 부와 영향력을 증가시켰음을 분명한 증거를 가지고 멋지게 발표한다. 두 종 다 주인의 돈을 두 배로 불렸다!

그들의 노동 덕분에 그들은 "잘 하였다, 착하고 충성된 종아. 너희가 적은 일에 충성하였으니, 더 많은 일을 맡기겠다"(마 25:21, 23)라는 말을 듣게 된다. 주인은 기뻐하였다. 그가 종들에게 "착하고 충성되다"라고 한 후 "내가 더 많은 일을 맡기겠다"라고 한 점을 주목하라. 그는 종들의 성과와 수고에 상급으로 보답했다.

주인이 그들의 끈기 있고 생산적인 노동을 인정해 주는 것을 듣는 기분이 어땠을지 상상해 보라. 그들은 분명 기쁨, 성취감, 행복, 즐거움 등의 다양한 감정을 맛보았을 것이다. 그들의 가장 큰 기쁨은 자신들이 주인을 만족시켰다는 것이었다. 그들은 모든 일하는 자가 자신의 상관에게 가장 듣고 싶어 하는 말을 들었다. "잘하였다!"

두 종의 놀라운 성과에 상급을 내린 후, 주인은 한 달란트 받은 종에게 주목하였다. 첫 두 종에게 이윤에 대한 보고를 받은 주인은 마지막 종에게도 큰 기대를 했을 것이다. 주인은 이 종에게 다른 두 종만큼 재능과 능력이 있지 않음을 알고 있었다. 그렇기 때문에 한 달란트만을 받았던 것이다. 그럼에도 주인은 여전히 그가 이윤을 남겼으리라 기대했다. 그래서 마지막 종의 발표를 기대감을 가지고 기다렸다.

드디어 마지막 종이 이야기를 시작했다. 그러나 시작부터 좋지 않았다. 한 번 보라. 그는 이렇게 말했다. "주인이여 당신은 굳은 사람이라 심지 않은 데서 거두고 헤치지 않은 데서 모으는 줄을 내가 알았으므로 두려워하여 나가서 당신의 달란트를 땅에 감추어 두었었나이다 보소서 당신의 것을 가지셨나이다"(마 25:24-25).

그가 한 말들을 다시 보자. "나는 당신이 굳은 사람이라는 것을 알기에 내가 두려워하여 당신이 나에게 준 돈을 취해서 땅에 감추었나이다. (돈에 묻은 흙을 털면서 주인에게 내밀며) 안전하게 보관되었던 당신의 돈이 여기 있습니다."

이 말을 들은 주인은 분명 이렇게 물었을 것이다. "정말이냐? 그것이 네가 가져온 전부이냐? 이것이 네가 행한 사업 계획이냐?" 그는 나름 길게 말했지만, 결론은 아무것도 없다는 것이었다. 이것은 결코 좋은 대답이 아니었다. 아무래도 결과가 좋지 않을 것만 같다.

그 말을 듣는 순간, 주인의 눈에 분노의 불길이 치솟으며 분위기가 순식간에 변하는 것을 상상할 수 있다. 처음 두 종과 얼마나 다른가? 그 둘은 "내가 얼마를 벌었습니다"라고 말했고, 이 종은 "내가 돈을 땅에 묻었습니다"라고 말했다.

잘 읽어 보면, 사실 세 번째 종은 불평마저 하고 있다. 참고로 불평하는 사람은 모두가 싫어한다. 그는 태만하게 본인의 일을 하지 않았다. 뭐라고 말은 했지만, 그냥 다 소음과 변명일 뿐이고 공허한 수사적 표현들이었다. 놀라운 점은, 그가 이런 말이 주인에게 통할 줄 알았다는 것이다. 그러나 완전히 실패했다.

사실 가장 안타까운 부분은 그가 아무것도 하지 않은 것이다! 두려움이 그를 마비시켰고, 꼼짝도 못하게 만들었다.

그의 주인은 다음과 같이 대답했다.

> 그 주인이 대답하여 이르되 악하고 게으른 종아 나는 심지 않은 데서 거두고 헤치지 않은 데서 모으는 줄로 네가 알았느냐 그러면 네가 마땅히 내 돈을 취리하는 자들에게나 맡겼다가 내가 돌아와서 내 원금과 이자를 받게 하였을 것이니라 하고 그에게서 그 한 달란트를 빼앗아 열 달란트 가진 자에게 주라 무릇 있는 자는 받아 풍족하게 되고 없는 자는 그 있는 것까지 빼앗기리라 이 무익한 종을 바깥 어두운 데로 내쫓으라 거기서 슬피 울며 이를 갈리라 하니라 (마 25:26-30)

참으로 실망과 불쾌함으로 가득한 말이다. 그는 종이 아무것도 하지 않은 것에 대하여 비난한다. 말을 돌리지도, 한 마디도 빼놓지 않고 말이다. 주인은 그 종에게 아주 직설적으로 악하고, 게으르며, 무익하다고 말한다. 조금의 자비와 은혜도 없이 아무런 가치가 없다고까지 말했다.

그는 종에게 두 번째 기회를 주지도 않았다. 위로의 말도 없고, 다시 하라는 말도 없었으며, 감정을 헤아려 주지도 않았다. 그저 오해의 여지가 없는 직설적인 책망만 있었다.

다시 말하지만, 주인은 이 종을 악하고, 게으르며, 무익하다고 평가했다.

분석하기

나는 주인이 왜 이 종을 게으르다고 했는지 충분히 이해한다. 그러나 악하다고까지 하다니, 이건 좀 이해가 안 된다.

우리는 흔히 악하다고 하면 혐오스럽고, 부도덕하며, 음란한 행동들을 떠올린다. 주인은 이 종이 속이려 했거나 뭔가 해악을 끼치려 했거나 불쾌한 행위를 해서 악하다고 한 것이 아니라, 아무것도 하지 않기 때문에 악하다고 하였다. 그리고는 그 종을 무익하다고 하였다.

무익하다는 말은 헬라어로 '아크레이오스' achreios이다. 이 단어는 '아무데도 쓸모가 없음'을 의미한다.[1] 메리엄-웹스터 사전은 무익함을 '아무런 이득이나 좋은 점, 혹은 결과물이 없음'이라고 정의한다. 그 말은 어떤 사람이나 물건이 아무런 열매나 효과가 없음을 의미한다.

주인이 그 종에게 말한 것을 간단하게 분석하면 다음과 같다. "너

---

[1] Blue Letter Bible. "Strong's G888 - achreios." https://www.blueletterbible.org/lang/lexicon/lexicon.cfm?Strongs=G888&t=KJV.

는 게으르고, 악하고, 무익하며, 아무런 도움이 되지 않는다. 네가 아무것도 하지 않음으로 나의 일에 손해를 끼쳤다. 내가 너에게 한 달란트를 주었는데, 너에게 아무것도 받지 못했다. 너는 나에게 쓸모가 없고 무익하다."

책망의 강도는 참으로 가혹했다. 주인은 조금의 동정심도 보여 주지 않았다. 그리고 그 상처에 소금을 뿌리듯, 돈을 은행에 넣어 두었더라면 이자라도 받지 않았겠냐며 그에게 사업의 명확한 목표와 기대치를 상기시켜 주었다.

> 그러면 네가 마땅히 내 돈을 취리하는 자들에게나 맡겼다가 내가 돌아와서 내 원금과 이자를 받게 하였을 것이니라 하고 (마 25:27)

우리는 인간적으로 그 종이 불쌍하다고 여긴다. 어쩌면 주인이 너무하다거나 지나치게 종을 혼낸다고 생각할 수도 있다. 그러나 솔직히 말하자면, 이 종은 주인의 이런 맹렬한 반응을 스스로 자초하였다. 그는 아무도 탓할 수 없다. 그가 마땅히 해야 할 일을 하지 않았기 때문이다.

쫓겨나다

자, 이제 숨을 깊이 들이마시라. 아마도 그럴 필요가 있을 것이다.

다음 질문은 "주인이 그 무익한 종에게 어떻게 하였는가?"이다. 30절을 주의 깊게 읽어 보라.

> 이 무익한 종을 바깥 어두운 데로 내쫓으라 거기서 슬피 울며 이를 갈리라 하니라

주인의 반응은 한 단계 더 올라간다. 그는 이제 인내심을 잃고, 그의 무익한 종을 더 강하게 다루려 한다. 그는 결국 "그가 가진 것을 빼앗고, 이 무익한 종을 바깥 어두운 데로 내쫓으라"고 하였다.

"내쫓으라"에 해당하는 헬라어 '에크발로'^{ekballō}는 '빠르게 강제적으로 내어 던져지는 것'을 의미한다.[2] 그는 부드럽게 밖으로 안내받은 것이 아니라 완전히 쫓겨났다. 이 종은 더 이상 수익을 내는 다른 종들과 함께 있지 못하고, 주인의 안전에서 내몰리게 되었다.

얼마나 안 좋은 일이 연속적으로 일어났는가? 한 번 생각해 보라. 원래 이 종은 얼마간의 시간 동안 주인의 신뢰를 얻었을 것이다. 중요 그룹의 일원으로 인정도 받았다. 주인으로부터 직접 선택받았고, 주인의 나라를 관리할 수 있는 영광과 기회를 부여받았다. 그러나 이야기가 흐를수록 그는 두려움에 사로잡혔고, 그가 아무 일도 행하지 않음으로 달란트를 다시 빼앗기고 바깥 어두운 곳으로 쫓겨나 슬피 울며 이를 갈게 되었다(30절).

---

2) Blue Letter Bible. "Strong's G1544 - ekballō." https://www.blueletterbible.org/lang/lexicon/lexicon.cfm?Strongs=G1544&t=KJV.

지옥이냐, 아니냐

사람들은 이 구절과 주인의 "바깥 어두운 데로 내쫓으라 거기서 슬피 울며 이를 갈리라"라는 말이 무엇을 의미하는가에 대하여 각기 다른 의견들을 가지고 있다. 사람들은 이 구절이 하나님을 모르는 구원받지 못한 사람들에게 하나님께서 어떻게 반응하실 것인지에 관한 것이라고 한다. 그렇기 때문에 불신자들은 슬피 울며 이를 갈게 될 바깥 어두운 곳으로 쫓겨난다는 것이다. 다른 말로 하자면 지옥 말이다. 이 종이 지옥으로 던져졌다고 확신하기에는 이 구절에 근거가 명확히 나와 있지는 않다.

또 다른 많은 신학자들처럼, 나는 이 종이 예수님의 면전에서 쫓겨나서 영원한 지옥으로 떨어지는 불신자를 의미하는 것은 아니라고 생각한다. 반대로, 나는 이 종이 심판의 날에 예수님 앞에 서게 되는 신자들을 의미한다고 확신한다(고후 5:10).

이 장의 시작에 예수님께서 "천국은 마치"라고 말씀하신 점을 잊지 말라. 다른 말로 하면, 이것은 하나님 나라와 그 사업이 운영되는 방식에 대한 것이다. 또한 이 이야기 전반에 걸쳐 주인은 일을 잘 하지 못한 종을 계속해서 자신의 종이라고 부른다. 주인은 그 종과의 관계를 계속 유지한다.

다시 말하지만, 나는 이 이야기에 나오는 '바깥 어두운 데'나 '슬피 울며 이를 갊'이 그 종이 영원히 하나님으로부터 쫓겨나 지옥에 던져지는 것이라고 믿지 않는다. 내가 생각하기에는 다음과 같다. 이해를 돕기 위해 한 가지 비유를 들어 보겠다.

나는 앨라배마 주립대학 미식축구팀의 시즌 정기권을 가지고 있다. 그 덕에 투스칼루사에서 열리는 홈경기는 모두 관람할 수 있다. 나는 특별히 십만 명이 함께 앨라배마 팀을 응원하는 경기장에 있는 것을 아주 좋아한다.

경기장에서의 내 자리는 오직 한 가지 조건, 앨라배마 주립대학의 체육부에 얼마를 후원하느냐에 의하여 정해진다. 현재 내 자리는 위층에 있다. 경기장을 볼 수는 있지만, 그렇게 가깝지는 않다. 경기장에 가장 가까운 자리는 대학에 어마어마한 금액의 돈을 후원하는 사람들에게 배당된다.

야간경기를 관람할 때면, 경기장은 돈으로 살 수 있는 가장 좋은 최첨단의 조명들로 가득 찬다. 그러나 이 조명들은 나를 직접 비추지는 않는다. 왜냐하면 나는 좋은 자리를 받을 만큼 많은 돈을 내지는 않기 때문이다. 그 조명들은 경기장, 선수들, 코치들, 그리고 비싼 자리들을 비춘다. 물론 나에게도 간접적으로는 빛이 비추지만, 직접적으로 비추지는 않는다. 그런 의미에서 어쩌면 내가 '바깥 어두운 곳에 앉는다'고 할 수도 있다. 여전히 나는 경기장 안에 있지만, 경기장 필드와 필드에 가깝게 앉은 사람들은 훨씬 더 밝게 비춰진다.

내가 말하고자 하는 요점이 바로 이것이다. 만약에 결산의 날에 그리스도께서 누군가는 게을렀고, 열매 맺지 못하고, 아무것도 하지 않고, 받은 은사를 그저 낭비했다고 생각하시면, "이 자를 내 눈에 보이지 않게 하라"고 하시거나 "여기서 내쫓으라"고 하실 것이다. 그렇게 되면 그 사람은 무리 바깥의 어두운 곳, 슬피 울며 이를 갈게 되는 곳으로 쫓겨나게 될 것이다. 그리고 전심을 다해 주님을 섬기지 않은 것을 깊이 회개하게 될 것이다.

29절에 예수님께서 말씀하신 슬피 울며 이를 갊은 큰 낙담과 슬픔의 결과이다. 이 후회는 처절할 것이며, 깊은 슬픔과 영·혼·육을 꿰뚫는 고통이 따를 것이다. 하나님 아버지의 노여움의 소리를 듣게 되면, 모든 세포 조직과 근육과 그들의 전 존재가 큰 충격을 받게 될 것이다. 이전까지 경험해 보지 못한 번뇌와 슬픔과 비통함이 그들을 집어삼킬 것이다.

왜냐하면 이제 그들의 삶은 끝난 것이나 다름없기 때문이다. 영원의 실제가 그들에게 계속해서 파도처럼 임하는 것이다. 그들은 지존한 위대함과 완전한 존귀 중에 계신 아버지의 놀랍도록 아름다운 사랑을 볼 것이다.

상상해 보라. 하나님의 얼굴은 쳐다볼 수 없을 정도로 밝다. 동시에 영원의 진리가 그들의 가슴을 강타한다. 그들은 거대하고 휘황찬란하며, 비교할 수 없을 정도로 놀라운 위엄 가운데에 서게 된다. 그리고 그들은 교만과 이기심과 변명으로 가득 찬 자신만을 위해 살아온 부끄러운 삶을 되돌아보게 된다.

또한 그들은 덧없는 쾌락을 끊임없이 좇은 결과가 공허함으로 가득하다는 것을 알게 될 것이다. 그들이 한 번밖에 없는 삶을 낭비했다는 사실은 마치 큰 벽돌로 내리치는 것과 같은 큰 충격으로 그들을 강타할 것이다. 세상에 예수님을 드러내고, 신실하고 담대하게 그분을 섬길 수 있는 유일한 기회를 놓쳤다는 것을 뒤늦게 깨닫게 된 것이다. 주어진 삶을 지금 그들이 알현하고 있는 왕을 위해서가 아니라 오직 자신만을 위해 허망하게 살아온 것이 드러났기에 뼈저리게 후회할 것이다.

더 이상은 남은 날 수도 없고, 기회도 없다. 무거운 영원의 무게가 그들에게 임했다. 그들은 비통함과 슬픔에 젖어 울부짖을 것이다. 물론 그들은 지옥은 벗어났다. 그렇다. 그들은 천국에는 들어왔다. 그러나 그들은 자신이 이 땅에서 하나님 나라에 거의 기여하지 않았음을 인식하게 될 것이다. 그들을 구원하신 분이 이제는 그들의 영혼 깊숙한 곳을 들여다보신다.

더 심각한 문제는, 이러한 곤경에 처한 자들이 죽임당한 존귀한 어린 양을 온전히 이해하게 된다는 것이다. 그들은 천군·천사가 "존귀! 존귀! 존귀! 존귀한 하나님의 어린 양"이라고 찬양하고 말하는 것을 듣게 될 것이다.

그들이 천국의 장면들을 바라볼 때, 그곳에 있는 사람들에게 완전히 압도될 것이다. 순백의 옷을 입은 수백만의 순교자들이 그들의 상급과 함께 있는 모습(계 6:9, 11)을 말이다. 하나님을 끊임없이 찬양하는 이십사 장로들과 1억 명의 천사들이 그곳에 있다. 전부 다 말이다.

그들은 또한 초대 교회 신자들과 제자들을 보게 될 것이다. 예수님을 따르며 주님을 위해 세상을 뒤집어 놓았던 신실한 자들 말이다. 그리고 거꾸로 십자가에 못 박힌 베드로와 칼로 죽임을 당한 야고보, 역시 십자가에 달려 순교한 안드레도 있다.

한때 의심을 했으나 신실하게 경주를 마친 도마도 있다. 그는 나무창에 찔리고, 불에 달군 쇠로 고문당하다가 산 채로 화형을 당했다. 빌립은 고문당하다가 십자가에 달렸다. 마태는 참수당했다. 나다나엘은 가죽이 벗겨진 채 십자가에 달렸다. 작은 야고보는 성전으로부터 끌려나와 몽둥이로 머리를 맞아 죽었다. 열심당원 시몬은 그리스도를 향한 사랑 때문에 죽었다. 유다 다대오는 죽을 때까지 막대기로 맞아서 순교하였다.

그리고 예수님께서 사랑하신 제자 요한은 끓는 기름에 던져졌다. 그는 죽지 않았지만, 심한 흉터를 갖게 되었다. 젊은 집사였던 스데반은 종교 지도자들에게 돌로 맞아 죽었다. 그리고 그들은 로마에서 네로에게 참수당한 바울도 볼 것이다.

열두 살짜리 순교자

최근에 시리아 알레포 외곽 작은 마을에서 열두 명의 기독교인이 IS에게 잔인하게 고문당하다가 처형당했다. 아래에 그 내용을 소개한다.

아홉 개의 교회를 개척한 시리아인 사역단체 리더의 열두 살짜리 아들을 포함한 열두 명의 기독교인들이 IS에게 잔인하게 처형당했다. 그들이 예수 그리스도의 이름을 부인하고 이슬람교를 믿으라는 요구를 거절했기 때문이다. 이 순교자들은 마지막 순간까지 신실했다.

크리스천 에이드는 모닝스타뉴스를 통해 "이슬람 극단주의자들은 그 사역단체의 리더와 친척들을 포함한 군중 앞에서 아이의 아버지에게 이슬람교로 돌아오면 고문을 멈추겠다고 말하며 그의 아들의 손가락들을 자르고 처참하게 폭행하였습니다"라고 전했다. "그 단체의 리더가 거절하였을 때, IS 군인들은 그와 두 명의 다른 사역팀원들도 폭행하고 고문했습니다. 그리고 그 세 남자와 소년은 십자가에 못 박혔습니다." 크리스천 에이드에 의하면, 기독교를 받아들인 후 이슬람교로 돌아가는 것을 거절했다는 이유로 그들은 두 명의 여성을 포함한 여덟 명의 다른 봉사자들과 함께 죽임을 당했다. 그 여덟 명은 그 마을의 다른 곳으로 옮겨져 이슬람교로 다시 돌아오겠느냐고 질문을 받았다. 그들이 거절하자 각각 29세, 33세인 그 여성들은 군중이 보는 앞에서 강간을 당하였고, 여덟 명 모두 참수를 당하였다.

그 마을을 방문하여 주민들과 희생된 자들의 친척들을 인터뷰한 크리스천 에이드에 따르면, 그들은 IS 군인들 앞에서 무릎 꿇은 채 기도하였다고 한다. 그 사역단체의 디렉터는 "마을 주민들이 말하기를, 어떤 이들은 예수 이름으로 기도하고, 다른 이들은 주기도문으로 기도하였으며, 또 어떤 이들은 그들의 영혼을 예수님께 올려 드리며 머리를 들었다고 합니다"라고 하였다. "그 여인들 중 한 명은 하늘을 바라보고 웃으며 '예수님!'이라고 외쳤습니다." 그리스도께서 십자가에 달리신 것처럼, 죽은 자들의 시체는 군중에게 보이기 위해 십자가에 달렸다.[3]

이 소중한 신자들은 그들의 삶을 예수님을 위해 드렸다. 그들은 주님을 위해 모든 것을 희생하였다. 이 순전한 열두 살 소년과 그의 아버지도 결산의 날에 주님 앞에 설 것이다. 그들은 우리가 주님 앞에 서는

---

3) Klett, Leah Marieann. " 12 Christians Brutally Executed By ISIS Refused to Renounce Name of Christ, Died Praying, Reciting Lord's Prayer. GospelHerald.com "http://www.gospelherald.com/articles/58293/20151002/12-christians-brutally-executed-by-isisrefused-to-renounce-name-of-christ-died-praying-reciting-lords-prayer.htm.

모습을 볼 것이다. 또한 우리도 그들을 볼 것이다. 우리의 헌신과 섬김은 전 세계가 보는 앞에 드러날 것이다. 안타깝게도, 이날 많은 이들의 예수님을 향한 얕은 헌신이 드러나게 될 것이다.

우리는 비 오는 날에는 귀찮다는 이유로 예배에 참석하기 위해 침대 밖으로 나오지 않는다. 때로 전기세가 밀리면 십일조도 내지 않는다. 그리고 너무 피곤하다는 이유로 교회에서 봉사하지 않는다. 그러고 나서 우리는 결산의 날에 이 순교자들을 만날 것이다. 그렇다. 분명 이들을 만날 것이다. 자신의 전부를 드린 사람들을 말이다. 상상도 할 수 없는 고문과 고통을 받는 중에도 그들은 주님을 부인하지 않았다. 구주를 위해 죽는 것에 대해 조금도 머뭇거리거나 망설이지 않은 사람들, 그들 앞에 우리가 있다.

예수님을 향한 우리의 헌신은 모든 이들 앞에 밝히 드러나게 될 것이다. 그렇다. 그때에 슬피 울며 이를 갈게 될 것이다.

더 이상 시간이 없다

이러한 상황에서 하나님 앞에 서는 자들은 더 이상 경주를 할 시간이 주어지지 않는다는 것을 알게 될 것이다. 그때는 이미 경주가 끝났다. 시간이 다 찼다. 주님의 뜻과 영혼 구원를 위해 자신의 생명을 내려놓고 신실하게 왕을 섬길 수 있는 기회는 이제 지나갔다. 상급을 받는 영원의 기로에 서 있는 그때쯤이면, 그들이 이 땅에서 살아온 단 몇 십년의 기간은 아무 의미 없고 하찮게 여겨질 것이다.

어쩌면 놓쳐 버린 수많은 기회의 순간들이 머릿속을 스쳐 지나갈 것이다. "왜 내가 더 열심히 하지 않았을까?" "왜 내가 주님을 신실하게 섬기지 않았을까?" "더 많은 선교사들을 후원했어야 했는데." "왜 주님을 더 사랑하지 않았을까?" "왜 다른 이들에게 복음을 더 열심히 전하지 않았을까?"

그러나 이미 너무 늦었다. 리셋 버튼을 누를 수도 없다. 코드를 뽑았다가 다시 시작하는 것도 안 된다. 눈물과 후회만 있을 것이다. 등을 두드려 주며 "괜찮아, 그래도 힘든 삶을 살았잖아" 하고 위로해 주는 이도 없을 것이다. 변명도, 응석을 받아주는 것도, 참가상도 없다.

다시 경기장으로 돌아가 보자. 경기를 관람할 때, 나는 경기장에서 경기를 볼 수 있는 것만으로 감사함을 느낀다. 그런데 만약 필드와 선수들, 그리고 코치들을 좀 더 가까운 곳에서 보기 원한다면, 나는 더 많은 돈을 후원해야 한다. 사실, 경기장에서 내가 어디 앉는가는 전적으로 나에게 달렸다. 더 나은 자리를 원하면, 돈을 더 많이 내면 된다. 참으로 간단하지 않은가?

13 He sat down

결산의 날

"내 달력에는 오늘과 '그날' 오직 두 날만이 존재한다."

_ 마틴 루터

그러면 이제부터 어떻게 해야 할까? 우선은 주님의 결산의 날을 자세히 들여다보는 것이 중요할 것이다.

성경은 예수님께서 마치 앞에서 이야기한 사업가처럼 그분의 종인 우리와 '결산'하시는 날이 올 것이라고 분명히 말한다. 아래 말씀들은 이날에 대하여 기독교인들에게 경고하는 구절들이다.

| 우리가 다 하나님의 심판대 앞에 서리라 (롬 14:10)

> 이러므로 우리 각 사람이 자기 일을 하나님께 직고하리라 (롬 14:12)

> 만일 누구든지 금이나 은이나 보석이나 나무나 풀이나 짚으로 이 터 위에 세우면 각 사람의 공적이 나타날 터인데 그 날이 공적을 밝히리니 이는 불로 나타내고 그 불이 각 사람의 공적이 어떠한 것을 시험할 것임이라 만일 누구든지 그 위에 세운 공적이 그대로 있으면 상을 받고 누구든지 그 공적이 불타면 해를 받으리니 그러나 자신은 구원을 받되 불 가운데서 받은 것 같으리라 (고전 3:12-15)

> 이는 우리가 다 반드시 그리스도의 심판대 앞에 나타나게 되어 각각 선악간에 그 몸으로 행한 것을 따라 받으려 함이라 (고후 5:10)

위 구절들에 나오는 '그리스도의 심판대'는 헬라어로 '베마'bema이다. 헬라 문화에서 베마는 경기에서 우승한 선수들이 상을 받기 위해 올라서는 시상대 같은 것이다. 신약에서 베마는 빌라도(마 27:19, 요 19:12)나 헤롯(행 12:21), 혹은 베스도(행 25:6, 10, 17)나 갈리오(행 18:12, 16, 17)가 올랐던 상이나 벌을 선포하는 단상이다. 이처럼 베마는 누군가에게 상을 주거나 석방을 해주기 위해, 또는 심판을 내리기 위해 사용된다.

바울은 고린도에 있는 신자들에게 자신이 '그날'이라고 부르는 날을 상기시켜 주기 위해 서신을 보낸다(고전 3:13). 그는 그날에 우리의 삶이 공개적으로 선포되고 드러나게 될 것이라고 경고한다. 모든 일들이 드러나고 불로 시험 받을 것이라고 말한다. 각 사람이 그리스도를 위해 행한 일들이 아버지에 의해 세밀하고 꼼꼼하게 분석될 것이다. 그리고 각 사람은 상을 받거나 해를 받게 될 것이다(고전 3:14-15).

해를 받는다는 말은 그들의 영원한 상급이 손해와 상함을 받게 된다는 의미이다. 그리고 많은 경우에는 전부 몰수되기도 할 것이다. 마태복음 25장에 등장하는 무익한 종이 겪은 일을 다시 한 번 살펴보자.

> 그에게서 그 한 달란트를 빼앗아 열 달란트 가진 자에게 주라 무릇 있는 자는 받아 풍족하게 되고 없는 자는 그 있는 것까지 빼앗기리라 (마 25:29)

무익한 종은 여러 면에서 해를 받았다. 다시 한 번 말하지만, 이 심판의 날은 매우 엄격할 것이다. 따라서 모든 기독교인은 주 안에서 행한 일들을 되돌아보고 이때를 대비하여 준비해야 할 것이다.

고린도후서 5장 10절에서 바울은 고린도 교회에 이 심판의 날에 관한 또 다른 조언을 한다. 그는 하나님의 심판대 앞에 우리가 "다 반드시 나타나게" 될 것이라고 한다. 여기서 '나타난다'라는 단어는 매우 중요하다. 이것은 헬라어로 '파네루'phaneroo이며, '드러나다, 명료해지다, 보여지다' 등의 의미가 있다.

필립 E. 휴즈는 파네루의 의미에 대해 이렇게 말한다. "드러나게 된다는 의미는 그냥 보여진다는 정도의 의미가 아니라 신분이나 지위 등 겉을 싸고 있는 모든 것이 다 벗겨진 채로, 그 사람의 인품의 실체가 완전히 공개적으로 밝혀진다는 것을 의미한다."[1] 하나님께서는 우리의 삶과 마음을 깊이 감찰하시고, 우리가 하나님을 어떻게 섬겨 드렸는지 분석하실 것이다. 그런 의미에서 결산의 날은 그저 장밋빛만은 아니다. 이 날은 큰 드러남이 있는 날이다.

바울은 하나님 앞에 서는 모든 이가 "그 몸으로 행한 것을 따라 받을 것이다"라고 말한다. 여기서 한 가지 흥미로운 점은 '받는다'는 단어가 '코미조' komizo라는 동사에서 유래하였다는 것인데, 이 단어는 '빚진 것을 되돌려 받는 것'을 의미한다. 이렇듯 단어의 원어적 의미를 아는 것은 마태복음 25장에 나오는 주인이 그의 종들과 결산할 때에 한 행동들을 이해하는 데 큰 도움이 된다.

자칫 성경을 잘못 읽으면, 고린도후서 5장 10절에 나오는 심판의 목적을 오해하거나 혼돈하기 쉽다. 이를 방지하기 위해 이 말씀을 이해하기 쉽게 설명하겠다. 첫째로, 이 심판은 기독교인들의 죄와 관련된 것이 아니다. 이 심판은 오직 믿는 자들이 그들의 주인을 위해 무엇을 했는가와 그 성과에 관한 것이다.

어떤 이들은 본문에 '악'이라는 단어가 나오기 때문에 그것이 죄악을 의미한다고 생각한다. 그러나 고린도후서 5장 10절에 나오는 악에 해당하는 헬라어는 '카코스' κακός이다. 이 단어는 죄악이나 잘못한 것을 의미할 때 쓰이는 단어가 아니다. 죄를 의미하는 단어는 '하마르시아' hamartia이다. 반면에 카코스는 '누군가의 행동이 의미가 없고 무가치한 것, 혹은 해를 끼치는 것'을 의미한다. 그리고 헬라어 신약 대역본을 보

---

1) The Second Epistle to the Corinthians, The New International Commentary on the New Testament [Grand Rapids: Eerdmans, 1992], 180.

면 '악'이라는 표현에 종종 '파울로스'phaulos가 쓰이기도 하는데, 이 단어도 무가치하고 해로운 것을 의미하는 카코스와 동의어이다. 리차드 C. 트렌치는 "파울로스가 적극적이든 소극적이든, 어떤 악의가 있는 행동을 의미한다기보다는 '쓸모가 없는, 아무런 유익이 없는'이라는 의미로 보는 것이 맞다"고 이야기한다.2) 우리가 본문에서의 '악'이라는 표현을 올바르게 이해하려면, 이러한 관점에서 해석해야 한다.

마태복음 25장에 등장하는 주인은 종이 그의 나라를 해하려고 악의를 품었기 때문에 화가 난 것이 아니라, 그의 무관심과 행하지 않음 때문에 화가 난 것이다. 그렇기 때문에 주인은 "너는 악하고 게으르며 무익하다"고 말한 것이다.

위 구절에 나오는 단어들의 정의를 올바르게 이해하면, 훗날 우리에게 임하게 될 심판이 우리의 죄악을 다루기 위함이 아니라 우리의 행하지 않음과 무익함을 다루기 위함임을 알게 된다. 분명한 점은, 우리가 하나님 나라를 위해 행하거나 하지 않은 행동들이 완전히 드러나게 된다는 것이다. 왕을 섬기는 것보다 우선시했던 것들, 무가치한 행동들, 영원의 가치가 없는 행위들은 그날에 다 드러나게 될 것이다.

사도 요한은 요한1서 2장 28절에서 이렇게 말했다.

> 자녀들아 이제 그의 안에 거하라 이는 주께서 나타내신 바 되면 그가 강림하실 때에 우리로 담대함을 얻어 그 앞에서 부끄럽지 않게 하려 함이라

---

2) Synonyms of the New Testament [Reprint; Grand Rapids: Eerdmans, 1983], 317.

사도 요한은 예수님이 오시면 그의 자녀들과 결산하실 것이라며 우리에게 경고하고 있다. 이 구절에서 사랑받은 제자 요한은 우리가 그 날 하나님 앞에 설 때에 부끄럽지 않도록 격려하기 위해 경고하고 있는 것이다.

테어 헬라어 사전Thayer's Greek Lexicon에 따르면, 부끄럽게 된다는 것은 명예가 실추되는 것을 의미한다. 마지막 때까지 신실하게 그리스도의 일을 하지 않은 자들은 마태복음 25장의 무익한 종처럼 명예가 실추될 것이라는 의미이다.

신약에서 하나님은 여러 저자들을 통해 기독교인들이 마지막 때에 임할 심판을 준비하도록 경고하신다. 하나님이 사용하시는 단어들은 매우 직설적이며 오해의 여지를 남겨 두지 않는다.

요한계시록 22장 12절에서는 마지막 날에 예수님께서 심판하시고, 정확하게 우리가 하나님을 어떻게 섬겼는지를 기준으로 상 주실 것이라고 강조한다. 말씀은 우리가 어떻게 살았는지에 따라서 하나님이 반응하실 것임을 분명히 하고 있다.

> 보라 내가 속히 오리니 내가 줄 상이 내게 있어 각 사람에게 그가 행한 대로 갚아 주리라

어떤 기독교인들은 '구원받은 이상 내가 이 땅에서 무엇을 하든지 상관없어. 다 괜찮아'라고 생각한다. 너무도 많은 기독교인들이 이와 같은 거짓말을 받아들인다. 그러나 위의 구절은 우리가 하나님 앞에 설

때에 이 땅에서 그리스도를 위해 행한 만큼 상을 받게 된다고 분명하게 말하고 있다.

예수님께서 그를 믿는 자들로부터 풍성한 열매와 신실한 섬김을 기대하신다는 것은 누구도 부정할 수 없다. 예수님은 우리가 신실하게 그분을 대변하기 원하신다. 우리가 우리의 삶을 그분의 영광을 위하여, 그분의 영향력을 확장시키고, 그분의 교회를 위하여 신실하게 섬기는 데에 사용하기 원하신다.

얼마나 헌신했는가

당신은 얼마나 잘 하고 있는가? 하나님이 주신 은사로 무엇을 하였는가? 하나님께서 그분의 위대한 보좌 앞으로 우리를 부르실 날이 빠르게 임하고 있다. 그날, 주님은 우리와 결산하실 것이다. 그분이 투자하신 것에 대한 이윤을 기대하실 것이다.

우리가 하나님의 일에 얼마나 헌신했는가가 그날 하나님께서 우리에게 어떻게 반응하실 것인지와 앞으로 천국에서 우리에게 어떤 임무가 맡겨질 것인지를 결정한다는 사실을 잊지 말라. 그분께 온전히 헌신하여 "잘 하였다. 착하고 충성된 종아"라는 소리를 듣도록 하자!

14 | He sat down

마귀의 잘못이 아니다

"교회여, 우리가 1안이고 2안은 없다."

_ 데이빗 플랫

"당신은 뜨거울 땐 뜨겁고, 미지근할 땐 미지근하다." 플립 윌슨은 1970년대에 이 말을 유행어로 만들었다.

어릴 때 나는 부모님에게 인기 TV 예능프로였던 '더 플립 윌슨 쇼'The Flip Wilson Show를 보기 위해 늦게 자는 것을 허락해 달라고 조르곤 하였다. 제럴딘 존스라는 캐릭터를 연기한 플립 윌슨은 전국적인 유행어를 여러 개 만들었다. "당신이 본 것 그대로 받을 것입니다"도 그가 유행시킨 말이다. 아직도 그가 이런 말들을 하던 장면들이 눈에 선하다.

이 말들은 굉장히 상징적인 유행어들이다. 그러나 가장 유명했던 유행어는 "마귀가 날 그렇게 만들었어요"였다. 그 말은 언제나 사람들을 웃게 만들었다. 그는 매번 이 말을 하였다. 그것은 마치 시계처럼 정확히 반복됐다. 모든 사람들이 그가 이 말만 하기를 기다렸으며, 그가 이 말을 할 때면 청중들은 박장대소하였다.

이 유행어는 1960년대에 엄청난 인기를 끌어 수천 명의 사람들이 이 문구가 적힌 티셔츠를 입고 다닐 정도였다. 패션까지 선도한 것이다. 그러나 안타깝게도 이 한마디 말은 사람들이 그들의 행위를 정당화하게 만들었다. 사람들이 삶을 대하는 태도에 영향을 주어 자신들의 삶을 다르게 보기 시작했다. 한 번 생각해 보라. 얼마나 편한 변명인가! "더 이상 내 잘못이 아니다. 나에게는 선택권이 없었다. 마귀가 나를 그렇게 만들었다." 전 미국 대중들이 이 말을 좋아했다.

그러나 우리도 좋아한다

그 쇼에서처럼 때로는 교회도 우리의 문제를, 특히 세계정세에 관한 일들을 마귀의 탓으로 돌릴 때가 많다. 물론 당연히 마귀의 잘못인 것들도 있다. 마귀가 우리에게 고통과 절망을 주었다는 것은 경험을 통해 잘 알고 있다. 그렇지만, 내 생각에는 마귀가 너무 많은 공을 받고 있다. 어떤 일들은 마귀가 한 일이 아닌데도 말이다.

대단한 석학이 아니라 해도 세상에서 일어나는 모든 일이 오로지 마귀와 무능한 우상들에 의해 일어나는 것이 아니라는 것을 알 수 있다. 아마도 당신은 인류, 즉 우리가 망치는 일들도 꽤 많다는 것에 동의할 것이다. 또한 내가 강하게 믿는 것은, 세상에서 일어나는 일의 대부분에 대한 책임은 사실 그리스도의 몸인 교회에 있다는 것이다.

내가 세상의 참담한 현실에 대한 책임이 상당 부분 교회에 있다고 믿는 이유는 바로 이것이다. 첫째로, 많은 지도자들과 교단들이 하나님의 뜻을 온전히 전하지 못했다. 우리는 말씀의 전부가 아닌 일부만을 설교하고 가르쳤다. 둘째로, 우리는 성도들이 더 많은 것들을 체험하고, 더 많은 것들을 믿고 행하도록 격려하지 않았다. 내 생각에는 이 점이 (하나님은 그토록 원하셨지만) 세상에 하나님을 드러내는 것을 심각하게 제한하였다. 어쩌면 당신은 이렇게 물을 것이다. "하나님과 하나님의 활동을 제한한다는 것이 가능한 일입니까?" 시편의 저자 아삽은 다음과 같이 말하였다.

> 그들이 돌이켜 하나님을 거듭거듭 시험하며 이스라엘의 거룩하신 이를 노엽게 하였도다 (시 78:41, 영문 흠정역은 "제한하였도다"로 번역함 - 역자 주)

하나님이 그분의 백성들을 통해서 하실 수 있고 또 하시기 원하시는 일들을 가르치지 않음으로 하나님의 능력이 드러나는 것이 실제적으로 무력되었다는 것은 누구도 부정할 수 없을 것이다. 이로 인해 하나님의 운행하심이 제한되었다. 그리스도의 몸은 진리가 왜곡되고 빛이 제한되면 어둠과 악이 창궐한다는 것을 경험을 통해 배웠다.

엎친 데 덮친 격으로, 몇몇 종교적인 신학자들이나 교단, 혹은 일부 성도들은 어떠한 이유에서든 교회가 좀 점잖아질 필요가 있다고 생각해 왔다. 그들의 목표는 좀 더 소화하기 쉬운, 뭔가 더 포용적이면서 기분을 거스르지 않는 복음을 만드는 것이었다. 초대 교회의 제자들이 전파했던 복음보다 뭔가 덜 반사회적이고 좀 더 부드러운 버전의 복음, 거친 표면 없이 깎여져서 사람들이 거부감 없이 받아들일 수 있는 복음 말이다. 그들은 새로운 버전의 복음이 더 세련되고 현대 문화에 적합하기를 원했다. 목회자들과 설교자들은 더 많은 이들에게 다가가고 그들이 수용하기 쉽게 복음의 내용과 그것을 전하는 방법을 바꿨다.

그러나 지금은 훨씬 적은 사람들이 우리의 희석된 복음에 관심을 갖는다. 우리가 복음의 빛을 너무도 희석한 나머지 절박한 죄인들이 관심을 갖지 않게 되었다. 좀 더 현실과 상관있는 복음으로 만들려는 노력이 오히려 복음을 현실과 상관이 없게 만들었다.

오랜 기간 동안 사단의 궁극적인 목표는 교회를 능력이 없고, 고착돼 있으며, 쓸모없고, 효력이 없게 만드는 것이었다. 솔직히 말하자면, 우리가 이 지경이 되기까지 사단은 손가락 하나 까딱할 필요가 없었던 것처럼 보인다.

살아 계신 하나님의 교회가 온전한 복음을 전파하지 않을 때에 사람들은 그들의 공허함을 거짓 우상들과 이단사상과 변질된 복음으로 채우려 한다는 것을 역사가 보여 준다. 온전한 복음의 부재는 사람들을 의미도 없고, 능력도 없으며, 감정도 없는 종교적 허례의식으로 이끈

다. 이로 인해 교회는 차갑고 메마르게 되었고, 우리 사회는 결국 상상할 수도 없는 행동양식, 잔혹한 폭력, 극한 혐오 및 심각한 음란과 어두움으로 서서히 빠져들었다. 현재 우리의 문화는 위에 언급한 모든 것을 경험하고 있다.

우리는 절대로 잘못된 역사의 흐름에 휩쓸려선 안 된다. 이 세대가 새로운 기준을 세우고, 이 땅에서 하나님의 위대한 일들을 초대 교회 제자들마저도 감명받을 정도로 신실하게 행하는 것이 나의 기도 제목이다.

하나님께서 "무엇보다도 죄를 범하는 것을 두려워하고, 하나님을 갈망하는 100명의 설교자를 저에게 주소서. 그래서 지옥의 문을 뒤흔들게 하소서"라고 한 존 웨슬리의 기도를 들어 주시기 바란다.

> 여호와의 눈은 온 땅을 두루 감찰하사 전심으로 자기에게 향하는 자들을 위하여 능력을 베푸시나니 이 일은 왕이 망령되이 행하였은즉 이 후부터는 왕에게 전쟁이 있으리이다 하매 (대하 16:9)

> 오직 자기의 하나님을 아는 백성은 강하여 용맹을 떨치리라 (단 11:32)

그렇게 하여 주소서, 주님!

15 | He sat down

하나님의 계획

"예수님을 죽음에서 일으키신 영이 우리에게 임하셔서
아무 일도 하지 않으신다는 것은 상상할 수도 없다."

_ A. D. 허드

    여기, 눈이 휘둥그레질 놀라운 계시가 있다. "우리(교회)가 하나님이 일하실 때까지 기다리는 동안, 하나님께서는 교회가 그 일을 할 때까지 기다리고 계신다."

    일부 기독교인들이 믿는 것과는 반대로, 기독교는 그저 일주일에 한 번씩 예배에 참석해서 따뜻함을 느끼는 것만이 목적이 아니다. 그런데 안타깝게도 너무도 많은 사람들이 교회의 존재 이유가 이것이라고 생각한다.

실제로 하나님께서는 우리가 이 땅에서 하나님을 대변하고 신실하게 하나님의 일을 행하기 원하신다. 그러나 하나님이 역사하시는 방법에 대한 우리의 오해와 무지로 인해 세상을 향한 그분의 계획과 갈망이 성취되지 않고 있다. 하나님의 뜻이 무위로 돌아가고 있는데, 그것은 하나님의 잘못이 아니다.

서구 교회에 지대한 사상적 영향을 끼친 어거스틴은 이렇게 말했다. "하나님 없이는 우리가 할 수 없고, 우리 없이는 하나님께서 하지 않으실 것이다."

그리스도의 몸 된 교회는, 우리가 하나님의 일을 할 때에 하나님께서도 우리와 함께, 또 우리를 통해 일하신다는 것을 알아야만 한다. 하나님께서는 우리를 대신하여 일하시지 않으며, 우리를 두고 따로 일하지도 않으신다. 하나님께서는 우리와 함께 동역하기를 원하신다. 마가복음 16장 20절은 다음과 같이 말한다.

> 제자들이 나가 두루 전파할새 주께서 함께 역사하사 그 따르는 표적으로 말씀을 확실히 증언하시니라

이 구절에 대한 배경은 이렇다. 마가는 예수님께서 하늘로 올라가셔서 앉으신 후 "그들이 나가서 말씀을 전파하였다"라고 쓴 것이다. 누가 나갔는가? 예수님의 제자들이다.

그들은 마을들과 인접 도시들로 가서 그리스도의 부활에 관하여 용감하게 전파하였다. 여기에서 중요한 점은 그들이 나가서 복음을 전

할 때, 주님께서 "그들과 함께 역사하셨다"는 것이다.

"그들과 함께 역사하셨다"에 해당하는 헬라어는 '시너르지오'synergeō이다. 이 단어의 의미는 '함께 일하다, 동역하다, 같이 힘을 쏟다, 돕다'이다.[1]

제자들이 나갔을 때, 하나님께서 그들과 함께하신 일들의 중요성을 온전히 이해하는 것은 필수적이다. 하나님께서는 그들이 설교하고 사역할 때에 도와주셨고, 그들과 함께 동역하셨다. 하나님은 그분의 영적인 능력과 제자들의 육적인 능력을 결합하셨다. 사람들이 복음을 듣고 또 치유받을 수 있도록 그들과 협동하여 일하셨다.

더 흥미로운 점은 헬라어 시너지오가 '두 명 혹은 그 이상의 사람이나 힘이 단순히 따로 더해졌을 때보다 더 커지도록 같이 작용하는 것'[2]이라는 의미의 영어 단어인 '시너지'synergy의 어원이라는 것이다. 시너지는 다른 말로 '팀워크, 정렬, 합해진 노력, 전략적 합일'을 의미한다.

하나님께서 다른 단어를 사용하실 수도 있었지만, 우리가 어떻게 하나님이 교회와 협업하여 세상에 영향을 끼치시는지 이해할 수 있도록 전략적으로 이 단어를 사용하셨다. 하나님은 혼자 일하지 않으신다. 대신 그분의 자녀들과 함께 동역하기를 원하신다. 이것은 참으로 놀라운 사실이다. 그리고 더 놀라운 사실이 있다.

마가는 제자들이 예수님을 위해 사역할 때에 "하나님께서 그들의

---

1) Blue Letter Bible. "Strong's G4903 - synergeō." https://www.blueletterbible.org/lang/Lexicon/Lexicon.cfm?strongs=G4903&t=KJV.

2) Oxford Dictionaries, s.v. "synergy," http://www.oxforddictionaries.com/us/definition/american_english/synergy.

설교에 따르는 기사와 이적으로 확증해 주셨다"라고 말한다. 제자들이 하나님과 완전한 합일의 상태로 일하였기 때문에, 하나님께서는 그들과 함께 기쁘게 동역하시며 기적과 초자연적인 역사와 삶의 변화로 그들의 설교를 확증해 주셨다.

기대감을 가지라

이것이 예수님이 제자들을 사용하신 방식이라면, 지금도 이러한 방식으로 그분의 제자들을 사용하기 원하실 것이라고 나는 믿는다. 그러나 어떤 신학자들과 교사들, 목사들은 나의 이런 희망에 부푼 기대에 맹렬히 반대한다. 그들은 하나님께서 초대 교회의 제자들을 사용하신 것처럼, 지금도 사람들을 선택해서 사용하신다는 것을 믿지 않는다. 그들은 하나님께서 사람을 전혀 필요로 하지 않으신다고 굳게 믿는다.

더 나아가서 어떤 이들은 기적은 과거에나 일어났던 일이고, 어떤 성령의 은사들은 더 이상 존재하거나 필요치 않다고 믿는다. 그러나 나는 그러한 관점을 받아들이고 믿는 것이 참으로 우습고, 무모하며, 위험하다고 생각한다.

나는 기대감을 가지고 성경을 읽을 것이다. 왜 하나님께서 이전에 하신 것보다 더 큰 일을 하실 수 없겠는가? 아니 무엇보다도 왜 그렇게 하시지 않겠는가? 우리는 마지막 때를 살고 있지 않은가? 우리도 보통 마지막 때를 위해 가장 좋은 것을 아껴 두지 않는가? 세상 사람들도 그들이 어떻게 시작했는가로 기억되기보다 어떻게 마쳤는가로 기억된다.

더 많은 것을 행하실 때

아래 사항들을 고려해 보라.

- 오늘날 지구상에는 약 30억의 사람들이 아직도 제대로 된 복음을 들어 보지 못했다.[3] 동시에 한 명의 미국인은 보통 그가 죽기 전에 복음을 열세 번 정도 듣는 것으로 추정된다.
- 예수님 시대에는 약 3억 명 정도의 인구가 지구상에 있었다.
- 예수님 당시 지구 전체의 인구보다 지금 복음을 한 번도 듣지 못한 사람들의 수가 더 많다. 이해가 되는가?
- 중국의 총 550개의 민족 중 337개 민족에게는 아직 그들의 언어로 번역된 성경이 없다.[4]
- 인도의 약 458,000개의 마을들이 그리스도의 존재를 모른다.[5]
- 최근 40년 동안 10억이 넘는 사람들이 예수님을 전혀 들어 보지 못하고 죽었으

---

3) Baxter, Dr. Jeff. "2.87 Billion People Have Never Heard the Gospel." SacredOutfitter.blogspot.com. http://sacredoutfitter.blogspot.com/2013/03/287-billion-people-have-never-heard.html.
4) Joshua Project. "Global Statistics." JoshuaProject.net. https://joshuaproject.net/global_statistics.
5) Joshua Project. "Global Statistics." JoshuaProject.net. https://joshuaproject.net/global_statistics.

며, 올해에만 약 2,500만의 사람들이 구원의 복음을 들어 보지 못한 채 죽게 될 것이다.[6)]

이러한 수치는 이 세상에 복음이 너무도 심각하게 전파되지 못하고 있음을 보여 준다. 따라서 지금은 하나님께서 이 구원받지 못한 세상에 그분의 능력의 나타남을 줄이시는 시대가 아니라는 것이다. 절대로 하나님께서 더 적게 일하시는 때가 아니다. 하나님께서 믿는 자들을 통해 하실 수 있는 일을 제한하실 때는 더더욱 아니다. 오히려 하나님이 더 많은 것을 행하실 것을 믿고 기대하기 딱 좋은 때이다.

이 마지막 때에 하나님께서는 지구상의 수십억 잃어버린 영혼들에게 손짓하고 계신다. 하나님의 마음은 그들을 향하시며, 그들에게 복음을 전하기 위해 무엇이든 하실 것이다. 하나님께서는 순종하는 자들이 필요하다. 자신의 삶을 하나님의 뜻을 위해 내어 드리는 자들은 이 세상이 보지 못한 초자연적인 능력을 받게 될 것이다.

이제부터 시작이다

- 주님의 뜻이 성취되는 비결은 하나님께서 그분의 메시지를 전파하기 위해 그분의 자녀들을 사용하시는 데 있다(고전 12:27).

---

6) "The Coming Revolution, R. Mark Baxter, p. 12.

- 우리는 그분의 증인들이다(행 1:8).

- 우리는 그분의 대사들이다(고후 5:20).

우리의 임무는 분명하다. 그러나 만약 교회가 그 임무를 외면하고 우리가 해야 할 일을 하지 않는다면, 어떤 일이 벌어지겠는가?

- 우리가 아무것도 하지 않는다면, 아무 일도 성취되지 않는다.
- 우리가 가만히 앉아 있는다면, 하나님도 앉아 계실 것이다.
- 우리가 아무 말도 하지 않는다면, 아무런 말도 선포되지 않는다.
- 우리가 지연시키면, 하나님의 일이 지연된다.
- 우리가 기도하지 않으면, 천국도 응답하지 않는다.
- 우리가 움직이지 않으면, 하나님도 움직이지 않으신다.
- 우리가 섬겨 드리지 않으면, 하나님도 우리를 도와주실 수 없다.
- 우리가 증거하지 않으면, 하나님의 말씀은 전파되지 않는다.

한 가지 분명한 진실을 이야기하자면, 나와 여러분이 이 땅에서의 하나님의 영향력을 제한하는 사람들이라는 것이다. 죄인들도, 마귀도 아닌 바로 우리가 말이다.

하나님은 이 마지막 때를 향한 큰 계획을 가지고 계신다. 우리는 초대 교회 제자들이 지녔던 능력으로 돌아가야만 한다. 하나님은 이미 그분의 영을 우리에게 부어 주실 준비가 되셨다.

나는 사도행전 2장 17절 말씀을 믿는다.

> 하나님이 말씀하시기를 말세에 내가 내 영을 모든 육체에 부어 주리니 너희의 자녀들은 예언할 것이요 너희의 젊은이들은 환상을 보고 너희의 늙은이들은 꿈을 꾸리라

가장 좋은 것은 아직 임하지 않았다!

16 | He sat down

그들은 할 수 없었다

"오직 하나님만이 하실 수 있는 일은 우리가 절대 할 수 없으며,
하나님이 우리에게 하라고 요청하신 일은 하나님이 절대 하지 않으실 것이다."

_ 타드 스미스

예수님은 산에서 기도하실 때에 베드로, 야고보, 요한을 택하여 데리고 가셨다. 우리는 이 이야기를 변화산 사건으로 부른다(마 17장). 그곳에서 예수님이 그들과 함께 엘리야와 모세를 만나고 계실 때, 산 아래에서는 놀라운 일이 벌어졌다.

귀신에게 고통을 당하는 어린 소년의 아버지가 간절히 도움을 필요로 하고 있었다. 귀신은 종종 그 소년에게 간질과 같은 발작을 일으켰

는데, 그 일로 소년은 불에 뛰어들어 심한 화상을 입기도 하였다. 그의 아버지는 이 귀신이 소년을 물에도 빠뜨렸다고 말했다(15절). 이런 일들은 그의 아버지와 가족이 감당하기 매우 어려웠을 것이다. 아버지는 아들이 죽을까 봐 계속 두려움에 싸여 있었다. 그는 아들을 매우 사랑했으며, 대부분의 부모가 그렇듯이 아들이 치유되고 악한 귀신으로부터 해방되기를 간절히 바랐다.

예수님이 귀신을 쫓아낸다는 소문을 들은 아버지는 아들이 고침 받기를 소망하며 예수님을 찾아왔다. 그런데 예수님이 계시지 않자 그는 그 다음 할 수 있는 일을 하였다. 그의 아들을 예수님의 추종자들, 즉 그분의 제자들에게 데리고 간 것이다.

제자들은 예수님과 함께 지냈고, 그분 곁에서 일하며 귀신을 쫓을 수 있는 능력과 권세를 위임받았기 때문에, 모든 면에서 이것은 매우 적절한 행동이었다. 마태복음 10장 1절은 예수님께서 열두 제자를 부르셔서 그들에게 더러운 영들을 쫓고 모든 질병을 고칠 수 있는 능력을 주셨다고 기록하고 있다.

제자들의 실패

소년의 상태를 들은 예수님의 제자들은 이 귀신들림이 다른 경우들과 다르지 않을 것이라고 생각했다. 몇 마디 말과 기도와 믿음의 명령으로 소년이 자유를 얻을 것이고, 그러면 다 정상으로 돌아올 것이라고 생각했다. 그러나 약간의 문제가 있었다. 마귀가 그들의 지시에 협조하지 않은 것이다. 제자들은 나름 완벽하게 해오던 공식대로 다 행했다. 그들은 이전에 통했던 방법을 모두 다 시도했다.

그러나 이번에는 아무 일도 일어나지 않았다. 아무런 변화가 없었다. 물론 그들은 하나님께 기도한 후 귀신에게 여러 차례 나가라고 소리를 질렀을 것이다. 그렇지만 귀신은 꼼짝도 하지 않았다. 그들은 귀신을 쫓아낼 수 없었다. 그들이 하는 어떤 것도 통하지 않았다. 안타깝게도 그 소년은 여전히 귀신에게 고통받고 있었다.

말할 것도 없이 제자들과 소년의 아버지는 낙담했다. 아버지는 분명 가슴이 찢어지고 실망도 했을 것이다. 그렇지만 그는 소망을 잃지 않았다. 그는 인내심을 가지고 예수님이 산에서 내려오실 때까지 기다렸다.

시간이 지나면서 주변에 사람들이 모이기 시작했다. 그들은 도대체 무슨 일이 일어나고 있는 것인지 알고자 했다. 제자들은 곧 성난 무리들에게 둘러싸이게 되었다. 그리고 미처 깨닫기도 전에 그들은 서기관들을 비롯해 거기 있던 사람들과 종교적 논쟁에 휩싸였다.

당연한 일이지만, 서기관들은 이 기회를 제자들의 믿음과 그들의 신학, 무엇보다도 논쟁거리인 그들의 리더를 공격하는 데 사용했다. 이것은 불에 석유를 끼얹는 꼴이 되었다. 종교 지도자들과 제자들의 논쟁은 빠르게 가열되었고 더 악화되었다. 이 논쟁은 더 이상 돌이킬 수 없는 지경으로 치달았다 (막 9:14).

그가 나타나시다

산 위에서의 영광스러운 경험 후, 산 아래로 내려오신 예수님과 세 제자들은 소란이 일어난 광경을 보게 되었다. 서기관들과 제자들이 논쟁하는 동안 예수님께서는 무슨 일이 일어나고 있는지 알려 하셨다. 제자들과 서기관들이 예수님께 말씀드리기 전에 귀신들린 소년의 아버지가 예수님께 나아와 겸손히 무릎을 꿇고 말했다.

> 주여 내 아들을 불쌍히 여기소서 그가 간질로 심히 고생하여 자주 불에도 넘어지며 물에도 넘어지는지라 내가 주의 제자들에게 데리고 왔으나 능히 고치지 못하더이다 (마 17:15-16)

한 마디로 "그들이 고치지 못하였습니다"라고 한 것이다. 제자들에게는 얼마나 뼈아픈 말인가? 물론, 그가 제자들을 곤경에 빠뜨리려는 의도로 한 말은 아니었을 것이다. 그는 제자들이 그를 도울 수 없었다는 사실을 말하고 있었다. 그는 그저 아들이 온전해지기를 원했다.

그러니 이 솔직한 비판은 예수님과 제자들에게는 뼈아픈 일이었다. 왜냐하면, 제자들의 무능력함과 부족함을 보여 준 것이기 때문이다.

물론, 그 누구도 제자들이 이 불쌍한 가족을 도와주려는 마음을 가지고 있었음을 의심하지 않는다. 사실 그들은 노력하였다. 노력만 보자면 그들은 A학점을 받을 수 있었다. 그러나 그들은 아무 일도 해내지 못했다. 그 소년은 고침받지 못했으며, 해를 끼치는 귀신은 그대로 남아 있었다.

이 일로 인하여 누구보다 예수님이 가장 염려하셨다. 소년의 아버지가 예수님께 "제가 아이를 당신의 제자들에게 데려왔으나 그들이 고치지 못했습니다"라고 이야기할 때, 예수님께서는 실망하셨을 것이다.

예수님께서 사랑하시는 제자들에 대한 이런 통렬한 보고를 들었을 때, 어떻게 반응하셨을까? 제자들을 두둔하시거나 그의 말을 아예 무시하셨는가? 그렇지 않으셨다. 예수님께서는 이 일에 대하여 공개적으로도 말씀하시고(17절), 제자들에게 개별적으로도 말씀하셨다(19-21절).

예수님께서는 먼저 공개적이고 직접적으로 말씀하셨다. 그 아버지의 이야기를 듣자마자 예수님께서는 다음과 같이 말씀하셨다.

> 예수께서 대답하여 이르시되 믿음이 없고 패역한 세대여 내가 얼마나 너희와 함께 있으며 얼마나 너희에게 참으리요 그를 이리로 데려오라 하시니라 (마 17:17)

예수님의 꾸지람은 제자들을 날카롭게 찔렀다. 첫째, 예수님은 제자들을 향해 믿음이 없다고 하셨다. 이때 예수님이 사용하신 단어는 헬라어로 '아피스토스'^{apistos}이며, 이것은 '믿음 없음, 믿지 않는 것'을 의미한다. 아마도 당신은 그것이 어떻게 가능할까 생각할 것이다. 어떻게 예수님과 동행하며 그분이 행하신 기적들을 직접 목격했으면서도 믿음이 없을 수 있을까? 결과적으로 보자면 이것은 가능했다.

둘째, 예수님께서는 그들을 패역한 세대라고 일컬으셨다. 이것은 매우 강한 표현이다! 예수님께서 가장 가까운 친구들을 정말 그렇게 부르신 것일까? 믿음이 없다고 하신 것은 이해할 수 있다. 그러나 그들을 '패역'하다고 하신 것은 좀 지나쳐 보인다. 예수님께서 말씀하고자 하셨던 것은 무엇일까?

왜 예수님께서 패역이라는 단어를 사용하셨는지 온전히 이해하기 위해서는, 예수님이 그들을 꾸짖으신 문맥적 정황을 따져 봐야 한다. 그분의 꾸지람은 논쟁하던 서기관들이나 그저 이 상황을 구경하던 자들과 같은 외부인들을 향한 것이 아니었다. 예수님의 말씀은 그분의 제자들을 향한 것이었다. 주의해서 보지 않으면, 예수님께서 제자들의 행동을 묘사하실 때 굳이 이 단어를 사용하신 의도와 이유를 놓치기 쉽다.

처음 이 단어를 보면, 이것이 오직 역겨운 행위나 사악함, 음란 등의 순결함과는 완전히 반대되는 깊고 어두운 죄악을 의미한다고 생각하게 된다. 그런데 본문 말씀에서 사용된 헬라어는 '디아스트레포'^{diastrepho}로, '뒤틀리다, 벗어나다, 오해하다' 등을 의미한다. 또한 사전에서는 패역이라는 단어를 '원하는 방향과 반대로 가는 것'이라고 정의한다.

이것을 참고로 본문을 보면, 예수님께서 제자들의 더러운 육체의 정욕을 꾸짖은 것이 아니라 그들이 예수님의 뜻을 이해하고 동역하지 못했음을 꾸짖으셨다고 볼 수 있다.

다시 한 번 말하지만, 패역이라는 단어는 악하고 속이는 행위만을 의미하지 않는다. '패역'의 동의어에는 '반대적인, 비협조적인, 도움이 안 되는, 방해가 되는' 등이 있다. 우리는 이 단어들을 통해 예수님께서 제자들에게 말씀하고자 하신 바를 온전히 이해할 수 있다.

예수님께서 제자들에게 말씀하신 의도와 강도를 좀 더 설명해 보겠다. "너희가 나와 협동하지 않음으로 내 뜻을 방해하였다. 너희가 이 아이를 향한 나의 계획에 걸림돌이 되었다. 이 아이가 치유받지 못한 것은 너희 때문이다. 너희는 도움이 되지 못했다. 내 뜻과 능력에서 벗어나 나의 의도를 변질시켰다. 내 뜻을 행하지 못하는 너희의 행동이 방해물이 되었다."

중요한 점은, 예수님께서 그 아버지나 아이를 탓하지 않으셨다는 것이다. 대신 자신의 동역자들을 탓하셨다.

예수님께서는 그들에게 다음과 같이 말씀하셨다.

> 예수께서 대답하여 이르시되 믿음이 없고 패역한 세대여 내가 얼마나 너희와 함께 있으며 얼마나 너희에게 참으리요 그를 이리로 데려오라 하시니라 (마 17:17)

분명히 예수님께서는 제자들이 이 문제를 다룬 방식을 기뻐하지 않으셨다. 주님께서는 제자들이 그분의 마음과 뜻을 전파하는 데 있어서 그들의 권세와 역할을 제대로 이해하고 있기를 바라셨다. 예수님은 제자들이 아이를 자유케 할 수 있어야 했다고 믿으셨다.

예수님께서는 계속 꾸짖으시며, 더 깊이 말씀하셨다. 주님께서는 그분의 걱정을 표출하시며 다음과 같이 물으셨다. "내가 너희와 얼마나 더 있어야 하겠느냐? 내가 너희를 얼마나 더 참아야 하겠느냐?"

예수님이 하신 이 두 가지 질문의 의도는 무엇인가? 이에 대한 해답은 '참다'에 해당하는 헬라어에 있다. 이 단어는 '붙들다, 받치다'를 의미한다.

예수님께서는 "내가 얼마나 더 너희를 붙들고 받치고, 또 너희를 대신해 주어야 하느냐?"라고 하신 것이다. 추가로 예수님께서는 "너희가 이제는 자라서 스스로 이 일을 할 수 있어야 한다"라고 하신 것이다.

다시 말하지만, 예수님께서 제자들의 능력 없음을 기뻐하지 않으셨던 것은 분명하다. 예수님은 그들에게 훨씬 더 많은 것을 기대하셨다.

이 꾸지람으로 예수님은 제자들이 아래와 같은 메시지를 이해하기를 원하셨다. "내가 너희를 통해 아픈 자들에게 사역하기 원한다는 것을 이해하기 바란다. 더 이상 내가 모든 것을 해줄 것이라 생각하고 의존하지 말라. 너희가 계속해서 나에게 의존하는구나. 나는 이미 너희를 훈련시켰다. 너희에게 나의 권세를 주었다. 너희는 내가 사역하는 것을 보았고, 나의 방식들을 배웠다. 이제 나는 곧 떠날 것이며, 육신으로는 더 이상 이곳에 있지 않을 것이다. 더 이상 너희를 구해 줄 수 없다. 이제 내가 없으면, 어떻게 악의 권세를 대적하고 물리칠 것이냐?"

궁극적으로, 예수님은 제자들이 이 안타까운 아버지와 귀신들린 아들에게 예수님을 정확하게 대변하고 하나님 나라의 치유의 능력을 보여 주기 원하셨다. 그러나 그들은 그렇게 할 수 없었다.

무엇이 잘못된 것일까?

그날 저녁에 제자들은 자신들이 아이를 고치지 못한 것으로 인해 혼란스러운 마음으로 예수님께 물었다. "왜 우리는 귀신을 쫓을 수 없었습니까?"(19절)

예수님의 대답은 다음과 같다.

> 너희 믿음이 작은 까닭이니라 진실로 너희에게 이르노니 만일 너희에게 믿음이 겨자씨 한 알 만큼만 있어도 이 산을 명하여 여기서 저기로 옮겨지라 하면 옮겨질 것이요 또 너희가 못할 것이 없으리라 (마 17:20)

제자들이 하나님으로부터 귀신 쫓는 권세를 받았다 하더라도(마 10장), 그들에게 믿음이 없었기 때문에 그들이 받은 권세는 효과가 없었다.

하나님은 믿음에 이끌리신다! 기억하라. 믿음이 없이는 그분을 기쁘시게 하지 못한다(히 11:6). 그리고 믿음이 있다면, 능치 못할 일이 없다!(마 17:20)

믿음을 키우라

세상이 하나님께 더 적대적으로 되어 가고 이제껏 보지 못했던 악으로 빠져들어 갈수록 교회는 믿음으로 채워져야 한다. 약하고 무기력한 믿음은 사단의 계획과 속임수를 대적할 수 없다. 따라서 강하고 담대한 믿음은 필수적이다.

세상은 사용할 수 있는 믿음을 가지고 있는 교회를 필요로 한다. 실제 결과를 낼 수 있는 믿음 말이다. 오늘날 얼마나 많은 영혼들이 고통 가운데 하나님의 만지심을 바라며 교회에 왔다가 고침을 받지 못한 채 떠나고 있는가? 어쩌면 그들은 격려가 되는 말씀은 들었겠지만, 능력을 경험하지는 못하였을 것이다. 이것은 반드시 바뀌어야 하며, 지금 당장 바뀌어야 한다. 우리는 더 잘 해야 한다.

어떻게 하면 이러한 수준의 믿음을 가질 수 있을까? 아래의 리스트는 그리 길지 않다. 하지만 말씀은 이 세 가지가 우리의 믿음을 키우는 데 필수적이라고 말한다.

하나님 말씀을 지속적으로 섭취하기

로마서 10장 17절은 "믿음은 들음에서 나며, 들음은 그리스도의 말씀으로 말미암는다"고 말한다. 말씀 없이는 그분이 주신 약속들을 알 수 없으며, 우리가 받은 권세의 능력을 온전히 누릴 수 없다. 마귀는 말씀을 두려워하기 때문에 우리가 말씀을 읽지 못하도록 지속적으로 방해할 것이다. 만약 당신이 말씀을 알고 그것을 믿음으로 사용한다면, 천국이 응답할 것이다.

당신이 아직 하나님의 말씀을 자신의 영 안에 넣지 못하였다면, 필요할 때에 그것을 꺼내어 사용할 수 없다는 사실을 기억하라.

지속적인 기도의 영

예수님께서는 마가복음 9장 29절에서 "이러한 [귀신의] 종류는 오직 기도와 금식으로만 나갈 수 있다"고 말씀하셨다. 이 말씀으로 우리가 알 수 있는 것은 제자들이 기도 시간을 충분히 갖지 않았다는 것이다. 그 말은 그들이 기도를 별로 심각하게 생각하지 않았다는 것이다. 놀랍지 않은가! 이런 심각한 영적 전투를 앞두고, 그들은 왜 기도하지 않았는가? 과거의 승리가 앞으로의 승리로 이어질 것이라고 믿은 것일까?

우리가 하나님의 능력으로 행하기 위해서는 반드시 하나님을 만나야 한다. 하나님과의 매일의 교제는 우리의 믿음을 자라나게 하며, 그분의 음성을 들을 수 있도록 귀를 열어 준다. 왜 그것이 필수적일까? 때때로 하나님께서 그분의 뜻과 지시들을 우리에게 속삭여 주시기 때문이다. 따라서 우리는 그분의 목소리를 잘 알아야만 한다. 예수님께서는 "내 양들은 나의 목소리를 듣는다"고 말씀하셨다(요 10:27).

예수님께서는 마태복음 10장 27절에서 제자들에게 다음과 같이 귀한 가르침을 주셨다.

> 내가 너희에게 어두운 데서 이르는 것을 광명한 데서 말하며 너희가 귓속말로 듣는 것을 집 위에서 전파하라

우리가 하나님의 음성을 잘 모른다면, 치유와 회복을 위해 '하나님이 주신 기회들'을 놓치게 될 것이다. 반면 더 많은 시간을 기도에 할애한다면, 하나님이 주시는 감동에 더욱 더 예민해질 것이다. 그렇게 되면

우리의 효용성은 한 단계 더 높아질 것이다.

금식하기

초대 교회 제자들처럼, 나와 당신도 만만찮은 귀신들을 대면하게 될 것이다. 그리고 많은 경우, 이러한 대면들은 우리에게 더 강한 권세와 큰 믿음을 요구할 것이다. 원수를 대면하고 무찌를 정도의 믿음과 권세를 갖추기 위해서는 금식이 필요하다.

물론 금식은 매우 고통스럽다. 금식은 결코 우리가 좋아하는 것은 아니다. 그러나 내가 분명히 알게 된 것은 금식이 우리의 원수가 아니라 친구라는 것이다.

금식은 우리로 육체의 정욕을 부정하게 만들어 더 위대하게 쓰임 받을 수 있게 한다. 금식하는 삶은 우리로 더욱 하나님께 정렬되게 하고, 사역을 능히 감당할 수 있도록 준비시켜 준다.

하나님께서는 어떠한 예고도 없이 갑자기 우리에게 금식하라고 부르실 수 있다. 왜 그러실까? 많은 경우 이것은 하나님과 동행하는 우리의 삶 가운데 우리가 정말 준비되어야 하는 일이 임박해 있기 때문이다.

우리는 보통 어떠한 상황을 맞닥뜨리고 나서야 금식을 하게 된다. 우리의 금식은 무언가를 되돌리거나 어떤 것의 방향을 바꾸기 위함이다. 그러나 금식은 미리 하는 것이 가장 좋다. 금식의 이유는 우리의 영·혼·육을 하나님이 온전히 사용하실 수 있도록 더 큰 권세와 능력으로 준비시키기 위함이다.

말씀과 기도와 금식의 훈련이 부족하면, 우리도 예수님의 제자들처럼 될 것이다. 우리에게 임하는 도전들에 처참할 정도로 준비되어 있지 못하게 되는 것이다. 그렇게 되면 마귀는 언제나 우리를 이기게 되어 있다.

"그들은 할 수 없었다"는 말은 어쩌면 성경에서 가장 슬픈 말일지도 모른다. 이 말은 실패, 어리석음, 나약함, 무능함을 의미한다. 나의 바람은 우리가 이러한 말을 어떤 식으로든 절대로 듣지 않게 되는 것이다. 반대로 예수님께서 "그들이 해냈다!"라고 하실 수 있는 세대가 되기를 간절히 소망한다.

17 | He sat down

내가 하는 일을
그도 할 것이요

"우리는 영원토록 이 땅에서의 승리를 자랑하게 될 것이다.

그러나 전투에서 이길 시간은 얼마 남지 않았다."

_ 작가 미상

존 스티븐 아쿠와리는 1968년 멕시코시티 올림픽에서 탄자니아를 대표하는 마라톤 선수였다. 그는 26.2마일을 달리는 마라톤 종목에 참가하였는데, 당시 75명의 주자들이 경주를 시작하여 18명이 중간에 포기하였다. 남은 주자들 중 아쿠와리는 마지막으로 들어왔다. 57명 중 57등을 한 것이다. 우승주자는 한 시간 전에 결승점에 들어왔다. 그날 그에게 무슨 일이 있었던 것일까?

경기 시작 후 20마일쯤 되어 주자들이 전략적으로 각자 위치를 잡을 때, 아쿠와리는 다른 주자와 부딪혀 바닥에 세게 넘어졌다. 그는 무릎에 심한 상처를 입었고, 넘어지며 어깨도 많이 다쳤다. 응급 처치를 받은 그는 다시 일어나서 고통을 참고 계속해서 경주를 하였다. 때때로 고통이 너무 심해져 그는 천천히 뛰거나 걸었다. 그러나 그럼에도 불구하고 그는 포기하지 않고 계속 결승선을 향해 달렸다.

이미 해는 지고 아쿠와리가 올림픽 주경기장에 들어서기 전 어두운 터널을 지날 때에는 마지막으로 남은 몇 명의 관중들이 떠날 준비를 하고 있었다. 가슴과 등에 36번 번호표를 단 그는 금색의 상의와 녹색 반바지를 입고 있었다. 그것은 자랑스러운 그의 나라를 상징하는 색이었다.

그는 다리에 붕대를 감은 채 고통으로 다리를 절뚝거리며 경기장에 들어왔다. 그 모습을 본 남아 있던 관중들은 자리에서 일어나 그가 마지막으로 한 바퀴를 도는 동안 뜨겁게 응원하였다. 한 걸음 한 걸음이 힘들었지만, 결승선을 넘을 때까지 그는 계속 앞으로 나아갔다. 그렇게 그는 꼴등으로 경주를 마쳤다.

기자들이 그에게 부상으로 인해 우승이 불가능함에도 불구하고 완주한 이유를 물었을 때, 그는 이렇게 대답했다. "내 조국이 5천 마일이 넘는 이곳으로 저를 보낸 것은 그저 경주를 시작만 하라고 보낸 것이 아닙니다. 경주를 완주하라고 저를 보낸 것입니다."[1)]

우리가 어떻게 끝내는가는 매우 중요하다. "가장 좋은 것은 마지막

---

1) 26 Wikipedia. "John Stephen Akhwari." Wikipedia.com. https://en.wikipedia.org/wiki/John_Stephen_Akhwari.

을 위해 남겨 놓는다"는 말이 있다. 내가 믿기로는 우리가 바로 그 마지막을 위한 사람들이다. 우리가 경주를 마쳐야 하는 마지막 주자이다. 부디 하나님의 말씀에 순종하여 잘 마무리하기를 바란다.

논란의 여지란 없다

앞에서 이미 여러 번 언급하긴 했으나, 요한복음 14장 12절의 중요성은 아무리 강조해도 부족하다. 이 구절에는 여러 가지 신학적 논쟁의 여지가 있다. 예수님은 결코 실언을 하시는 분이 아니다. 예수님은 이 구절을 통해 그를 믿는 자들이 마지막 때에 어떻게 살고 사역해야 하는지를 분명히 말씀하셨다.

> 내가 진실로 진실로 너희에게 이르노니 나를 믿는 자는 내가 하는 일을 그도 할 것이요 또한 그보다 큰 일도 하리니 이는 내가 아버지께로 감이라 (요 14:12)

종종 오해되는 이 구절이 왜 몇몇 신학자들을 걱정하게 하는지 알 수 있을 것이다. 결론적으로 이 구절이 우리 시대에 적용하기 어렵기 때문에, 많은 해설자들은 예수님이 말씀하신 진짜 의도가 무엇인지 골똘히 생각하게 된다.

그러나 이러한 전문가들이 어떤 해석을 만들어 예수님이 '진정 어떤 말씀을 하려 하신 것인가'에 대한 그들의 의견을 피력하게 될 때면, 그때는 이미 이 말씀의 진수는 다 사라지고 만다. 그리고 무엇보다 이 말씀이 오늘날의 신자들에게 아무런 도움이 되지 않는다고 여기기에, 그들은 역사적 문맥에서 이 구절을 꺼내어 현대에 전혀 쓸모가 없는 의미를 부여하는 것이다.

흥미롭게도 신학자들은 왜 예수님께서 하신 일을 우리가 할 수 없는가에 대해 계속 논쟁하지만, 정작 이 구절에는 유통기한이 붙어 있지 않다. 제자들에게 주신 예수님의 가르침과 약속은 모든 시대와 문화를 초월한다. 그분의 명령은 21세기에도 1세기 때만큼이나 적용 가능한 것이다.

나아가 예수님께서는 요한복음 14장 12절 말씀이 제안이나 추천이 아니라, 그분을 믿고 따르게 되면 저절로 따라오는 일이라고 하셨다. 그리스도께서는 제자들이 그러한 방식으로 살아갈 것을 마음속에 그리셨다. 사실 이것을 믿지 않는 것은 당신의 믿음에 큰 영향을 끼칠 것이며, 당신의 기대를 낮추고, 당신이 세상에 영향력을 끼치는 데 큰 방해가 될 것이다.

누가 할 수 있는가?

예수님께서는 "믿는 자는"이라고 하시며 누가 예수님의 일을 할 수 있고, 그러한 자격이 되는지 분명히 말씀하신다. 놀라운 소식은 요한복음 14장 12절 말씀이 예수님과 함께 있었던 제자들이나 특별한 기독교인들만을 일컫는 것이 아니라는 점이다. 예수님은 분명히 "믿는 자는"이라고 말씀하신다.

만일 당신이 예수님께서 당신에 관하여 말씀하시는 것이라고 믿는다면, 이 구절은 당신 것이 된다. 예외 없이 예수님께서는 그분이 하신 일을 당신도 할 수 있으며, 해야 한다고 말씀하신다. 이것은 매우 간단한 문제이다!

그렇다면 예수님은 어떤 일들을 하셨는가? 예수님께서는 우리가 따라야 할 위대한 본을 보이셨다. 아래는 예수님이 하신 일들 중 일부이다.

- 사랑하셨다.
- 가르치셨다.
- 아파하는 자들에게 긍휼을 보이셨다.
- 병든 자들을 고치시고, 눈먼 자들을 보게 하셨다.
- 낮은 자들을 높이셨다.
- 약한 자들을 강하게 하셨다.
- 그저 한 번 만지심으로 문둥병자들을 깨끗케 하셨다.
- 귀신이 떨며 도망가게 하셨다.
- 받고자 하는 모든 자에게 생명과 소망을 나눠 주셨다.
- 예수님은 가시는 곳마다 사람들을 도와주셨다. 그러한 예수님이 우리에게 "내가 하는 일들을 너희도 할 것이다"라고 말씀하셨다.

나에게 있어서 이것은 참으로 놀라운 소식이다. 우리는 그저 관망만 하는 것이 아니라 하나님의 구속사적인 뜻에 동참하게 되는 것이다.

온전히 믿으라

당신은 하나님의 약속들을 믿는가? 물론 그럴 것이다. 하나님은 거짓말을 하지 않으신다. 하나님은 그가 하신 모든 약속들을 이루실 수 있다. 하나님께서 내가 무언가를 경험하는 것이 가능하다고 하셨으면, 나는 그것을 경험할 수 있다. 왜냐하면 그분의 말씀은 진리이기 때문이다.

나는 당신의 믿음이 굳건하게 세워지기를 바란다. 요한복음 14장 12의 말씀을 당신도 취할 수 있다. 얼마든지 가능하다. 당신은 그저 믿기만 하면 된다. "나를 믿는 자는"이라고 하신 말씀이 예수님을 믿는 자들에게 하신 아래의 선포들과 동일하게 적용 가능한 말씀이라는 것을 믿는가?

> 그를 믿는 자는 누구나 영생을 얻을 것이다(요 3:16).
>
> 그를 믿는 자는 누구나 다시는 목마르지 않게 될 것이다(요 6:35).
>
> 그를 믿는 자는 누구나 그의 마음으로부터 생수의 강이 흘러나오게 될 것이다(요 7:38).
>
> 그를 믿는 자는 누구나 죽어도 살 것이다(요 11:25).
>
> 그를 믿는 자는 누구나 어두움에 거하지 않을 것이다(요 12:46).

이것에 대해 잠시 생각해 보라. 어느 기독교인이라도 위의 구절들에 명시된 축복들을 받아들이는 데 어려움이 없다. 왜 그런가? 이 구절들은 복음의 핵심이고, 우리가 그것을 믿는 혜택을 이미 누리기 때문이다. 이것은 경험적이고, 즉각적이며, 설명 가능하다. 따라서 당신이 믿는다면, 받을 것이다.

누가 어두움에 거하기 원하겠는가? '생명의 강물'을 마다할 자는 아무도 없다. 누가 죽지 않고 살기를 원하지 않겠는가? 위에 거론된 모든 혜택은 예수님을 믿고 따르는 데서 오는 결과들이다.

위 구절의 축복들을 적극적으로 취하는 기독교인 중 일부가 요한복음 14장 12절의 명령을 받아들이는 것을 두려워한다는 점은 매우 흥미롭다. 그들은 이 구절만은 그들의 삶에 받아들이고 적용하기 어려워한다. 어쩌면 이 구절을 믿는다는 것이 그들이 무언가를 해야 된다는 것을 의미하기 때문일까? 이것은 마치 그들이 성경에서 자기가 하고 싶은 것들만을 골라서 믿는 것이나 다름없다.

내가 믿기로, 우리가 이 구절과 이 구절이 오늘날 우리에게도 실제 적임을 믿지 않고서는 예수님께서 우리에게 요청하신 일을 끝마칠 수 없다.

믿지 않는 신자들

이전 세대의 위대한 설교자였던 레너드 레이븐힐은 이렇게 말했다. "이제 곧 단순한 자들이 하나님의 성경을 들고, 그것을 읽고 믿게 될 것이다. 그리고 우리는 부끄러워질 것이다. 왜냐하면 우리는 성경이 믿고 순종해야 되는 책이라는 믿음 대신 이해되어야 하는 책이라는 편리한 신학을 받아들였기 때문이다." 그리고 그는 이러한 세대를 '믿지 않는 신자들'이라고 일컬었다.

여기에 우리의 딜레마가 있다. 사실 많은 경우 기독교인들은 예수님께서 가능하다고 하신 것들을 믿지 않는다. 그들은 "믿는 자는 능치 못함이 없다"(막 9:23)고 하신 예수님의 말씀을 잊었다.

A. J. 고든은 "하나님께서는 믿지 않고 기대하지 않는 교회에게는 그의 기사와 이적을 행하지 않으신다"고 하였다. 어쩌면 지도자들이 교회 안에 불신의 분위기를 조성하였는지도 모른다. 그렇기 때문에 우리가 그분의 능력이 드러나는 것을 보지 못하고 있는 것이다.

예수님이 가능하다고 하셨다면, 나는 그것을 믿을 것이다. F. B. 마이어는 이렇게 말했다. "당신이 불가능한 것에 도전하기 전까지는 결코 하나님의 공급하심을 체험할 수 없다."

나는 이제 마음을 정했다. 나는 하나님이 그분의 일을 하실 것을 믿을 것이고, 또 그 일을 행할 것이다. 만약 나에게 죄가 있다면, 그것은 감히 내가 하나님께서 더 큰 일들을 행하실 것이라고 믿은 것이다.

그러나 여전히 조롱하는 자들은 계속 조롱하고, 철학자들은 계속 논쟁하며, 신학자들은 지금이 세대주의적으로 어떤 세대인지 계속 다툴 것이다. 은사중지론을 가르치고 실천하는 사람들은 왜 과거에 하나님이 하시던 일을 더 이상 하시지 않는지를 증명하기 위해 열심히 노력하고, 의심하는 자들은 계속해서 의심할 것이다. 그러나 그들의 종교적 미사여구는 나의 생각을 바꿀 수 없다.

왜냐하면 나는 눈먼 자가 눈을 뜨고, 듣지 못하는 자가 듣고, 큰 종양이 사라지는 것을 내 눈으로 직접 보았기 때문이다. 하나님께서 초대교회의 제자들을 사용하신 것처럼 우리를 사용하실 수 없다는 말을 믿기에는 내 눈과 귀가 너무도 많은 것을 보고 들었다.

구세군의 창설자인 윌리엄 부스가 한 말을 나는 참 좋아한다. "나는 하나님의 운행하심을 기다리지 않는다. 내가 바로 하나님의 운행하심이기 때문이다." 바로 이것이다! 우리 모두는 하나님 나라를 우리 안에 소유하고 있다(눅 17:21). 우리가 어디를 가든지, 우리는 하나님 나라를 가지고 가는 것이다.

나는 믿는 신자가 되고 싶다. 나는 하나님께서 열두 제자를 사용하신 것과 동일한 방법으로 나를 사용하시기를 기대한다. 그것은 얼마든지 가능하다.

오순절날 베드로와 야고보와 예수님의 어머니였던 마리아 및 다른 이들에게 임했던 성령님과 하나님이 우리에게 보내시는 성령님은 동일하신 분이다. 하나님의 능력은 결코 변질되거나 약해지지 않고 동일하다.

그리고 우리도 그들이 그때 당시 가졌던 것과 동일한 능력을 받을 수 있으므로, 그들이 행했던 일들을 우리도 할 수 있고 또 해야 한다.

| 내가 하는 일을 그도 할 것이요 (요 14:12)

18 | He sat down

일어서야 할 때

"세상은 현실에 안주하는 것을 용납하지 않는 기독교인들을 필요로 한다."

_ 프랜시스 챈

당신은 아래의 질문들에 어떻게 대답할 것인가?

- 1년, 5년, 10년 뒤에 당신은 어디쯤에 있을 것인가?
- 당신은 이 땅에 어떤 영향을 끼쳤으며, 앞으로 궁극적으로 어떤 영향을 끼칠 것인가?
- 당신의 장례식에 온 사람들이 어떤 말을 할 것인가?
- 당신의 이야기는 어떠한 내용이 될 것인가?
- 예수님께 드린 당신의 헌신은 어떻게 기억될 것인가?

- 당신의 교회와 가족과 친구들에게 당신은 어떠한 흔적을 남길 것인가?

당신의 대답은 당신의 현재와 앞으로 다가올 당신의 삶이 어떠할지를 보여 줄 것이다.

사단의 거짓말

이 책을 읽는 중에도 여전히 많은 이들이 사단의 거짓말을 믿는다. 사단은 당신의 삶은 별 의미가 없으며, 당신이 하는 일은 지금도 그리고 앞으로도 하나님 나라에 별 도움이 안 된다고 속여 왔다.

아래는 당신이 가지고 있는 생각의 일부일 것이다.

'나는 그저 한 명의 사람일 뿐이야.'

'나의 삶은 매우 어려웠어. 그래서 나는 할 수 없어.'

'나는 너무 지쳤어.'

'나는 너무 일을 많이 해. 게다가, 내가 뭔가를 해도 그다지 큰 영향은 없을 거야.'

'나는 너무 늙었어.'

'당신은 나를 몰라. 나는 너무도 많은 악을 행했어.'

'나는 아는 것이 별로 없어. 내가 도움 줄 수 있는 것은 별로 없어.'

'나의 때는 이제 끝났어.'

이런 거짓말을 더 이상 믿지 말라. 이것은 진리가 아니다. 사단은 당신이 이런 식으로 생각하고 말하기를 원한다. 당신이 이러한 말들을 진리로 받아들일 때, 사단이 이기게 되는 것이다. 이러한 그릇된 생각은 당신을 활력 없고, 혼란스럽고, 우울한 상태에 빠뜨린다.

관점을 바꾸라

당신의 삶은 중요하다! 하나님은 실수가 없으시다. 당신은 심히 기묘하게 지음 받았다(시 139:14). 만약 당신이 태어나지 않았다면, 이 세상이 얼마나 달라졌을지 아는가? 당신은 소중할 뿐 아니라 이 세상에 반드시 필요한 존재이다. 당신은 다른 사람들의 삶, 궁극적으로는 하나님의 계획에 있어서 매우 독특하고 중요한 역할을 부여받았다.

하나님께서 원하시는 대로 당신을 그리스도의 몸에 지체로 두셨음을 절대 잊지 말라(고전 12:18). 당신의 손길, 웃음, 존재, 그리고 기여는 매우 중요하다. 하나님께서는 그분의 영광을 위하여 당신의 전부를 사용하고 싶어 하신다. 하나님께서 당신을 통해 하시고자 하는 일을 과소평가하지 말라!

이제는 당신의 관점을 바꿀 때이다. 하나님의 지극히 크신 은혜, 은총, 그리고 자비의 눈으로 자신의 삶을 바라보라. 하나님은 당신이 힘들 때 어떻게 행동할지 아시고도 당신을 위해 죽기로 선택하셨고, 여전히 당신을 사랑하기로 선택하신다. 하나님은 당신을 머리부터 발끝까지 속속들이 알고 계신다. 당신의 약점이 당신을 향한 하나님의 사랑을 약화시키지 못한다. 하나님은 당신의 연약함을 이미 보고 계시고, 동시에 하나님 안에서 온전해진 당신을 보신다. 하나님은 당신의 잠재력을 보신다.

우리가 살고 있는 이 시대는 매우 어둡고 악하다. 하나님은 당신을 필요로 하신다. 다른 이들이 왕이신 하나님을 위해 일하는 것을 보고만 있던 날들은 이제 끝났다. 스스로 자격이 없고 무가치하다고 느끼던 시간은 이제 지나갔다. 교회에서 누군가가 당신의 마음을 상하게 하고 당신에게 상처를 줬다는 이유로 더 이상 구석에 앉아만 있을 수는 없다. 당신의 행하지 않음은 여기서 끝나야 한다.

깰 때가 되었으니

알람시계의 스누즈 버튼 snooze button(알람을 일시적으로 멈추게 하는 버튼 – 역자 주)은 정말 좋지 않은가? 이것은 내가 가장 좋아하는 기능이다. 스누즈 버튼은 정말 나의 귀한 친구이다. 역사 이래로, 아주 특별하고 혁명적이며 삶을 바꾸는, 혹은 신이 영감을 준 것이라고 여겨지는 발명들이 많았는데, 스누즈 버튼의 발명은 분명 그중의 최고일 것이다.

우리는 다 어느 정도 스누즈 버튼의 기능을 알고 있다. 이 기능은 하루의 시작을 약간 늦추는 데 도움이 된다. 정말 잠이 필요한 당신에게 단 몇 분간이라도 잠을 더 청할 수 있도록 기회를 주는 것이다. 스누즈 버튼은 정말이지 하나님이 주신 선물이다.

바울은 로마서에서 잠자고 있는 교회를 언급했다. 로마서 13장 11절에서 그는 기독교인들에게 잠에서 깨어나서 스누즈 버튼을 누르지 말라고 말한다.

> 또한 너희가 이 시기를 알거니와 자다가 깰 때가 벌써 되었으니 이는 이제 우리의 구원이 처음 믿을 때보다 가까웠음이라

안타깝게도 몇몇 기독교인들은 스누즈 버튼을 누르고 안주하며 행동하지 않는 상태에 머물고 있다. 그들은 하나님을 위해 활동할 가장 완벽한 타이밍을 기다려 왔다. 그러나 하나님을 섬기기 시작할 '완벽한 타이밍'이란 것은 없다. 문제와 답이 없는 상황, 그리고 하나님의 일을 하지 말아야 할 이유들은 언제나 있을 것이다.

당신도 예수님이 곧 오실 것이라는 말을 수백 번은 들어 봤을 것이다. 너무 많이 들은 나머지 그 의미가 희미해져 버렸다. 그러나 동시에 이 말은 사실이다. 예수님의 재림이 다가오면서 시간은 점점 촉박해지고, 상황은 점점 심각해져 가고 있다. 바로 지금 천국에서는 모두 잠에서 깨어 일어나라는 명령이 울려 퍼지고 있다. 우리는 반드시 깨어서 일해야 한다. 당신이 자신의 몫을 하지 않으면, 그 일은 결코 성취되지 않는다는 사실을 반드시 기억하라.

무엇을 해야 할까?

당신이 첫 번째로 해야 할 일은 하나님 나라를 위해 당신의 교회가 하는 일에 동참하는 것이다. 목사님과 교회의 사역자들은 두 팔 벌려 당신을 환영할 것이다. 당신이 출석하는 교회가 당신의 지역사회의 문제들에 대한 하나님의 응답임을 절대 잊으면 안 된다. 당신의 교회가 바로 그 도시의 소망이자 등대이다. 당신의 참여가 그 빛으로 하여금 더 밝고 오래 빛나게 할 것이다.

조지 아데어는 이렇게 말했다. "당신이 원했던 그 모든 것은 다 당신의 두려움 저편에 있다." 두려움은 매우 강한 감정이다. 두려움은 우리를 제한한다. 실패에 대한 두려움과 미지의 것에 대한 두려움은 사람들을 마비시킨다. 그것은 사람들로부터 앞으로 나아갈 동력을 빼앗아 간다. 나는 두려움이야 말로 사람들로 하여금 하나님의 일에 동참하지 못하도록 방해하는 주요 원인이라는 것을 알게 되었다.

사도 바울은 그의 젊은 수제자 디모데에게 편지를 쓸 때 두려움을 언급하였다.

> 하나님이 우리에게 주신 것은 두려워하는 마음이 아니요 오직 능력과 사랑과 절제하는 마음이니 (딤후 1:7)

미국의 26대 대통령인 시어도어 루즈벨트는 이렇게 말했다. "당신이 할 수 있다고 믿는다면, 이미 절반은 이룬 것이다."

이 시간 당신이 두려움에 사로잡히지 않을 것을 선포한다. 영원 전에 이미 하나님께서 바로 지금 이때에 당신이 살아 있도록 선택하셨다. 당신은 실수로 생겨난 존재가 아니다. 당신은 부적격자가 아니다. 당신은 할 수 있다! 당신은 세상을 향한 하나님의 큰 계획의 일부이다. 당신은 바로 이때를 위하여 창조되었다.

당신의 교회와 세상은 당신이 이 땅의 가장 큰 군대에 입대하기를 기다리고 있다. 이제 당신의 자리에서 일어서라. 당신의 임무를 받으라. 당신이 받은 은사와 성령의 능력으로 행하라. 더 이상 지체하지 말고 일어서라!

> 삶의 마지막에 하나님 앞에 섰을 때,
> "저에게 남아 있는 재능이 하나도 없을 정도로
> 당신이 주신 것을 제가 다 사용하였습니다"라고
> 말할 수 있기를 소망한다.
>
> _ 어마 봄벡

19 | He sat down

어떤 교회에
출석하는가는 중요하다

"내가 죽은 후에 내 이름이 거론된다면,

나는 칭송이 아닌 열정, 박수가 아닌 행동을 불러일으키고 싶다."

_ 더치 쉬츠

우리 중 대부분은 하나님의 능력이 드러남을 직접 보거나 경험하지 못하는 교회에서 자라났다. 그런 일은 절대 일어나지 않았다. 다행히도 우리는 하나님이 과거에 어떤 일을 하셨는지에 대해서는 수없이 많은 설교를 들었다. 그러나 하나님의 능력이 현재에도 역사하시는 것에 대한 설교를 한 번이라도 들었는가?

언제부턴가 교회는 박물관이 되어 버렸다. 목회자들은 하나님께서 과거에 행하신 일에 대한 역사만을 가르쳤다. 어쩌다 하나님의 능력이 오늘날에도 역사하는 것에 관한 언급을 하더라도, 그것은 보통 아주 먼 오지나 이름조차 발음하기 힘든 나라에서 사역하는 선교사의 간증 정도였다.

그러다 보니 원하지 않았던 결과가 뒤따랐다. 교회 안에서의 하나님의 능력의 부재는 우리 모두에게 다음과 같은 지울 수 없는 메시지를 던졌다. "이제 교회에서는 아무 일도 일어나지 않는다." 우리는 단지 우리가 보거나 경험하지 못했기 때문에 하나님이 더 이상 그러한 일을 하시지 않는다고 결론 내렸다. 그래서 우리는 의도치 않게 이것이 정상적인 현대의 기독교라고 규정지어 버렸다. 그 외의 유형의 교회는 의심받았고, 사람들을 조종하며 극단적이고 매우 불안정하다고 여겨졌다.

현실을 과장하려는 것은 아니지만, 오늘날 대부분의 기독교인들은 (의도적이든, 그렇지 않든) 지도자들이 하나님의 능력을 제거해 버린 교회에 출석하고 있다. 애석하게도 어떤 교회와 교단들은 하나님께서 과거에는 기꺼이 능력을 행하셨지만, 지금은 의지적으로 행하지 않으신다고 가르치는 신학적 입장을 만들어 냈다. 그들은 왜 하나님이 오늘날 기적을 행하지 않으시는가에 대한 매우 다양한 철학적 이유들을 제시한다. 어떤 경우에는 심지어 그런 식으로 하나님의 한계를 보여 주는 것에 큰 즐거움을 느끼는 것처럼 보인다.

그러한 입장을 취함으로 교회 지도자들은 그리스도의 몸과 이 땅에서의 그들의 영향력을 심각하게 약화시켰다. 오늘날 너무도 많은 교회들이 하나님의 능력이 그들의 삶 가운데 나타나는 것을 기대조차 하지 않는다. 이것은 참으로 안타까운 일이다.

분명한 것은, 당신이 출석하는 교회가 당신의 믿음에 영향을 준다는 사실이다. 당신의 교회는 당신이 어떻게 하나님을 인식하는가와 당신이 세상에 어떻게 그리스도를 대변하는가에 매우 직접적인 영향을 끼친다. 이전에 나는 하나님의 말씀을 온전히 믿고 가르치지 않는 교회는 절대로 출석하지 않을 것이며, 그러한 교회에서 자녀들이 자라게 하지 않겠노라고 결심했다.

당신은 왜 당신과 당신의 가족을 죽은 믿음에 노출시키는가? 이것은 말도 안 되는 일이다. 그러므로 당신이 어떤 교회에 출석하는가는 매우 중요하다.

변화의 때가 왔다

우리는 어려운 시대에 살고 있다. 나약하고 믿음이 없는 교회들은 이 세상에 어떠한 소망도 줄 수 없다. 아니 이러한 교회들은 완전히 무용지물이다.

이 세상을 위해서라도 우리는 더 이상 '보통의 교회'여서는 안 된다. 보통의 교회란 어떤 교회인가? 보통의 교회는 안전한 것만 하려 하며, 포장된 복음을 판다. 번쩍이는 화려함은 있지만 불은 없다. 그들은 매번 똑같다. 우리가 알지 못하는 것이나 영적인 것을 알아보기 위해 모험을 하려 하지도 않는다. 어떤 큰 목소리를 내지도 않으며, 그러다 보니 주목을 끌지도 못한다.

이러한 교회의 주 목적은 지역사회의 존경을 받는 것이다. 그들은 급진적, 극단적, 혹은 광신적이라는 딱지를 달지 않기 위해 조심하며 신앙적 표현을 스스로 검열한다. 이러한 교회의 목적은 당신의 라이프스타일을 더 낫게 만들고, 당신의 삶의 필요를 최대한 전문적으로 채워주는 것이다. 그들은 개인의 성결함과 헌신에 대해서는 거의 이야기하지 않는다. 그들이 가장 중요시하는 것은 그들의 평판이다.

이러한 문화는 마치 베드로가 물 위를 걸을 때에 배 위에 남아 있던 제자들과도 같다. 그들은 배가 흔들릴까 두려워 배 밖으로 나가려 하지 않았다. 편안하고, 물에 젖지도 않으며, 안전하고 익숙한 장소에 머물려 한 것이다.

그러나 베드로는 이성을 무시하고 모든 위험을 감수했다. 그는 믿기로 선택하였다. 그 결과 예수님을 제외하고는 오직 베드로만이 물 위를 걸어 본 사람이 되었다. 다른 제자들은 그저 배 안에서 베드로가 하나님의 능력을 경험하는 것을 지켜보았다.

오늘날 우리에게는 새로운 교회가 필요하다. 물 위를 걷는 교회들 말이다. 더 많은 것들이 있음을 믿으며, 안주함을 떠나 하나님이 계시는 파도치는 물속으로 기꺼이 들어갈 수 있는 교회가 우리에게 필요하다.

믿음의 모험을 하라

다시 한 번 말하지만, 지금은 일반적인 때가 아니다. 우리는 매우 중요한 시대를 살고 있다. 지금은 교회와 설교자들과 사람들이 평범하게 있을 때가 아니다. 레너드 레이븐힐이 물었던 것처럼 하나님의 엘리야들은 어디에 있는가? 믿음의 모험을 하며, 하나님의 전부를 드러내고자 하는 하나님의 사람들은 어디에 있는가?

알버트 아인슈타인이라는 아주 명철한 사람은 이렇게 말했다. "어려움 속에 기회가 있다." 오늘날 이 세상은 고통과 깊은 절망에 빠져 있다. 아주 힘든 때이다. 그렇지만 동시에 교회가 원래 우리에게 주어진 권세를 취하여 이 세상에 하나님의 순전한 사랑과 큰 능력을 보여 주어야 할 때이다.

이러한 일을 하는 것이 쉬울까? 그렇지 않다. 또한 사람들이 좋아하지도 않을 것이다. 우리는 오해받고, 조롱당하며, 업신여김 받고, 많은 경우에 박해도 받을 것이다. 확실한 것은 우리가 초대 교회가 행한 것처럼 행하면, 그들과 동일한 일을 겪게 된다는 것이다. 그렇다고 낙심하지 말라! 그들이 예수님을 위해 이룬 일들을 보라. 우리는 2천 년이 지난 지금도 그들이 한 일들을 이야기하고 있지 않은가!

프랜시스 챈은 이렇게 말했다. "믿음을 갖는다는 것은 종종 다른 사람들이 미쳤다고 여기는 것을 하는 것을 말한다. 우리의 삶이 다른 사람들에게 정상적으로 보인다면, 분명 무언가 잘못된 것이다." 우리의 삶의 방식이 사람들이 보기에 미쳤다고 하는 삶이 되기를, 우리가 어떻게 하나님을 믿는지가 그들에게 회자되기를 바란다. 이제 베드로가 그랬던 것처럼 배를 흔들 때이다.

부디 우리의 기도가 이사야의 외침과 같아지기를 소망한다.

> 원하건대 주는 하늘을 가르고 강림하시고 주 앞에서 산들이 진동하기를 (사 64:1)

20 | He sat down

하나님은 몸을 필요로 하신다

"무엇보다도 죄를 범하는 것을 두려워하고,

하나님을 갈망하는 100명의 설교자를 저에게 주소서.

그래서 지옥의 문을 뒤흔들게 하소서."

_ 존 웨슬리

그녀는 연인인 요셉과 약혼하였다. 이제 새로운 삶이 그녀 앞에 놓여 있었다. 결혼, 자녀를 갖는 것, 가족을 부양하는 것, 그리고 지역사회의 구성원이 되는 것, 다시 말해서 평범한 삶을 사는 것 말이다. 그러나 잠시 후면, 아주 특별한 만남으로 인해 전혀 평범하지 않은 삶을 살게 될 것임을 모르고 있었다! 한 천사가 나타나 이렇게 말했다. "하나님이 당신의 몸을 필요로 하신다."

이것은 참으로 놀라운 일이다. 우리 삶에 천사가 나타나 "이제 당신은 성령으로 아이를 잉태하고 아홉 달 후면 하나님의 아들을 낳게 될 것이며, 그리고 그는 세상의 구세주가 될 것이다"라고 말하진 않지 않는가? 말할 필요도 없이 그러한 통보는 우리가 세워 놓은 삶의 계획들을 다 망쳐 놓을 것이다.

누가는 이 사건을 다음과 같이 기록했다.

> 천사가 이르되 마리아여 무서워하지 말라 네가 하나님께 은혜를 입었느니라 보라 네가 잉태하여 아들을 낳으리니 그 이름을 예수라 하라 … 마리아가 천사에게 말하되 나는 남자를 알지 못하니 어찌 이 일이 있으리이까 천사가 대답하여 이르되 성령이 네게 임하시고 지극히 높으신 이의 능력이 너를 덮으시리니 이러므로 나실 바 거룩한 이는 하나님의 아들이라 일컬어지리라 (눅 1:30-31, 34-35)

감사하게도, 자신을 향한 하나님의 구체적인 계획을 들은 마리아는 다음과 같이 대답하였다.

> 마리아가 이르되 주의 여종이오니 말씀대로 내게 이루어지이다 하매 천사가 떠나가니라 (눅 1:38)

여기에 백만 불짜리 질문이 있다. 마리아가 이 임무를 거절할 수 있었을까? 그녀는 얼마든지 "아니요, 싫습니다. 저는 그런 일에 별로

관심이 없어요"라거나 "저한테 그렇게 하시는 것을 거절합니다"라고 할 수 있었다. 그러나 마리아는 "말씀대로 내게 이루어지이다"라고 하였다.

그녀의 반응으로 보아서는, 천사의 메시지를 거절하는 것도 가능했다. 그녀가 거절했더라면 어땠을까? 하나님께서는 그분의 아들을 잉태할 다른 여인을 찾으셨을 것이다. 메시아를 낳을 다른 여자 말이다. 하나님은 계속해서 마땅한 자를 찾으셨을 것이다. 그런데 감사하게도 그녀는 "네! 그렇게 하옵소서. 그 계획에 저를 내어드립니다"라고 대답하였다. 그녀는 하나님의 목적을 위해 자신의 몸을 내어드렸다.

예수님도 몸이 필요하셨다

더 나아가 이 땅의 인류를 위한 하나님의 구속사적 계획을 이루시기 위하여 예수님이 육신의 몸을 가지셔야 했다. 천국에 있으신 채로는 인류를 죄로부터 구하실 수 없었다. 예수님께서는 육신을 입으셔야만 했다. 사람이 되셨어야 했다. 몸이라는 이 땅의 옷을 필요로 하셨다.

> 말씀이 육신이 되어 우리 가운데 거하시매 우리가 그의 영광을 보니 아버지의 독생자의 영광이요 은혜와 진리가 충만하더라 (요 1:14)

> 그러므로 주께서 세상에 임하실 때에 이르시되 하나님이 제사와 예물을 원하지 아니하시고 오직 나를 위하여 한 몸을 예비하셨도다 (히 10:5)

> 너희 안에 이 마음을 품으라 곧 그리스도 예수의 마음이니 그는 근본 하나님의 본체시나 하나님과 동등됨을 취할 것으로 여기지 아니하시고 오히려 자기를 비워 종의 형체를 가지사 사람들과 같이 되셨고 사람의 모양으로 나타나사 (빌 2:5-8)

예수님은 이 땅에서 33년을 사셨다. 예수님께서는 100% 사람이자 동시에 100% 신이셨다. 이 땅에서 잠시 사시는 동안 예수님께서는 지구의 공기를 마시고, 땅에서 나는 음식을 드시고, 우물의 물을 마시고, 그가 직접 만드신 강과 호수의 물고기를 드셨다. 성경은 예수님도 수고를 하신 후 시장해하시고 목말라하셨다고 말한다. 그분의 육신의 몸은 피곤해지기도 하셨고, 그러므로 안식도 필요하셨다.

예수님께서는 인간의 모습을 완전히 보여 주셨다. 예수님께서는 여러 번 넓은 감정의 폭을 보여 주셨다. 예를 들어, 친구의 무덤에서 공개적으로 우셨으며, 아버지의 전이 잘못 사용되는 것에 분노하셨고, 겟세마네 동산에서는 심각하게 고민하셨다. 또 여러 상황 가운데 예수님은 세상에 이용당하는 자들에게 긍휼과 공감을 보여 주셨다. 그리고 백부장의 믿음에 크게 감명받으시면서 동시에 제자들의 믿음 없음에 매우 실망하셨다.

이렇듯 예수님께서는 육신의 몸을 두르셨다. 그 몸으로 드시고, 주무시고, 사역하셨다.

하나님께 쓰임 받은 자들

성경 전체를 보면, 하나님께서 그분의 뜻을 성취하시기 위하여 언제나 사람들을 사용하셨다는 것을 알 수 있다. 그것이 바로 하나님 방식이다. 예를 들어, 하나님께서는 다음과 같이 하셨다.

- 이스라엘 백성을 기근으로부터 구하시기 위해 요셉을 사용하셨다.
- 구원자가 필요하실 때에는 모세를 부르셨다.
- 방주를 지으셔야 했을 때에는 노아를 선택하셨다.
- 민족을 구원하고자 하셨을 때에는 에스더를 사용하셨다.
- 천국에서 불을 내리고자 하셨을 때에는 엘리야를 세우셨다.
- 거인을 부씨트실 때에는 다윗을 택하셨다.
- 선두주자가 필요할 때는 세례 요한을 보내셨다.
- 구세주가 필요할 때는 육신을 입으시고 직접 오셨다.
- 초대 교회에 대변인이 필요하실 때에는 베드로를 사용하셨다.
- 그리고 사도가 필요하실 때에는 바울을 부르셨다.

지금 하나님은 몸을 필요로 하신다

에베소서 1장 22-23절에 의하면, 예수님께서는 그분의 몸인 교회의 머리가 되신다.

> 또 만물을 그의 발 아래에 복종하게 하시고 그를 만물 위에 교회의 머리로 삼으셨느니라 교회는 그의 몸이니 만물 안에서 만물을 충만하게 하시는 이의 충만함이니라

이 책의 여러 중요한 목적들 중 하나는, 하나님이 이 땅에서 그분의 뜻을 성취하시기 위해 그분의 몸인 사람을 통해 일하신다는 사실을 알리는 것이다. 하나님은 그분의 대변자인 우리를 바라보시며 그분이 개입하실 여지를 내어드리기를 기다리고 계신다.

감리교 운동의 창시자인 존 웨슬리는 이런 개념을 잘 이해하고 있었다. 그는 이렇게 말했다. "하나님께서는 우리의 기도생활에 의해 제한을 받으시는 것 같다. 누군가가 구하기 전까지 하나님은 아무것도 하실 수 없다."

당신이 무엇을 하든지, 당신이 하나님께 얼마나 귀한 존재인지를 과소평가하지 말라. 하나님께 당신은 매우 소중하다. 당신에게는 하나님이 주신 목적이 있다. 당신의 몸이 하나님께는 매우 중요하다.

> 몸은 음란을 위하여 있지 않고 오직 주를 위하여 있으며 주는 몸을 위하여 계시느니라(고전 6:13)

> 너희 몸은 너희가 하나님께로부터 받은 바 너희 가운데 계신 성령의 전인 줄을 알지 못하느냐 너희는 너희 자신의 것이 아니라 값으로 산 것이 되었으니 그런즉 너희 몸으로 하나님께 영광을 돌리라 (고전 6:19-20)

위 말씀에 비춰 보면, 다음의 진리는 아무리 강조해도 부족할 만큼 중요하다. 우리가 우리의 몸을 하나님께서 쓰시도록 내어드려 그분과 동역하지 않으면, 오늘날 이 땅에서 하나님이 하시고자 하는 일은 방해를 받을 것이며, 어떤 경우에는 하나님의 역사가 아예 불가능할 수도 있다.

많은 이들이 이러한 개념을 받아들이기 어려울 것이라는 점을 나도 잘 알고 있다. 하지만 이것은 사실이다. 오늘날도 이것은 동일하다. 세상의 너무도 많은 부분들이 기독교의 영향을 받지 못하고 있다. 그것은 기독교인이 너무 적어서가 아니다. 사실 세상에는 23억의 기독교인들이 살고 있다.[1] 문제는 너무도 적은 기독교인들만이 하나님의 뜻을 성취하기 위해 그들의 몸을 성령님께 내어드린다는 것이다.

그런데 지금도 여전히 많은 사람들이 "하나님, 뭔가 해주세요!" 하고 매달린다. 오해하지 말라. 하나님께서는 너무도 우리를 돕고 싶어 하신다. 하나님은 인류가 고통받는 것 보고 계시고, 그것 때문에 마음 깊이 아파하신다. 하나님은 세상이 경험하는 재앙과 폭력과 상한 마음들을 알고 계시며 기억하신다.

그러나 우리는 하나님이 무언가 더 하시기를 원한다. 그렇지 않은가? 그래서 우리는 종종 이렇게 부르짖는다. "하나님 왜 아무 일도 하지 않으십니까! 왜 도와주지 않으세요? 어디 계신가요?" 만일 그때 우리가 잠잠하게 기다린다면, 하나님이 이렇게 말씀하시는 것을 들을 수 있을

---

[1] Pew Research Center. "Global Christianity - A Report on the Size and Distribution of the World's Christian Population." PewForum.org. http://www.pewforum.org/2011/12/19/global-christianity-exec/.

것이다. "나도 그러고 싶다. 그리고 그렇게 할 것이다. 그러나 나에게는 너의 몸이 필요하다!"

하나님께서 이 땅에서 일하실 때, 대부분은 그분의 뜻에 자신의 몸을 내어드려 순종하는 사람을 통해 일하신다.

여기서 한 가지 묻겠다. 당신은 자신이 얼마나 중요한 사람인지 알고 있는가? 그것을 진정 이해하고 있는가? 하나님께 당신의 삶이 얼마나 중요한지 이해하고 있는가?

하나님은 사용하실 새로운 몸을 찾고 계신다. 바로 나와 당신의 몸 말이다.

> 여호와의 눈은 온 땅을 두루 감찰하사 전심으로 자기에게 향하는 자들을 위하여 능력을 베푸시나니 (대하 16:9)

당신은 성령께서 당신의 몸을 사용하시도록 허락해 드리는가? 성령께서 당신의 삶을 얼마만큼 주관하고 계시는가? 성령께서 당신의 몸을 원하실 때는 언제고, 어떤 방식으로든 사용하실 수 있는가? 성령께서 당신을 세상 어디에라도 보내실 수 있는가? 성령께서 당신의 입을 통해 하시고자 하는 말씀을 하실 수 있는가? 당신의 흥미와 취미와 선호하는 것들마저도 그분이 주관하시는가?

그저 성령님이 당신 안에 계신 것만이 다가 아니다. 성령님이 당신을 어떻게 사용하고 계신가가 중요하다. 하나님께서 당신의 몸을 사용하실 수 있도록 허락해 드리라.

몸을 내어드리라

로마서의 저자는 우리의 몸을 하나님께 '내어드리는 것'의 중요성을 잘 인지하고 있었다. 바울은 우리에게 한 번뿐만이 아니라 세 번이나 그렇게 하라고 명령한다.

> 또한 너희 지체를 불의의 무기로 죄에게 내주지 말고 오직 너희 자신을 죽은 자 가운데서 다시 살아난 자 같이 하나님께 드리며 너희 지체를 의의 무기로 하나님께 드리라 (롬 6:13)

바울은 "너의 몸을 하나님께 내어드리고, 너의 전부를 하나님이 도구로 사용하실 수 있도록 허락하여 드리라"고 분명하게 이야기하고 있다. 자신을 하나님이 사용하시는 도구로 생각해 본 적이 있는가? 하나님께서 원하시는 대로 사용하시도록 내어드리라. 그분이 사용하시도록 도구가 되어 드리라. 하나님이 원하시는 대로 주관하시도록 허락해 드리라. 당신의 몸이 하나님께 기쁨이 되도록 하라.

> 이제는 너희 지체를 의에게 종으로 내주어 거룩함에 이르라 (롬 6:19)

이 구절에서 바울은 "주님께 몸을 내어드리고 하나님의 뜻을 따르는 종이 되라"고 하며 믿는 자들을 격려하고 있다. 그가 믿는 자들에게 하고자 하는 말은 무엇일까? 첫 번째이자 가장 중요한 것으로, 그는 그들이 자신을 하나님께 완전히 드리기를 원했다. 두 번째로, 그는 성도들이 의로움의 종이 되기를 원했다.

왜 바울은 종이라는 비유를 사용했을까? 종에게는 권리가 없다. 종의 모든 삶은 주인의 공급과 권한 아래 있다. 종은 주인이 원하는 바를 성취하기 위해 사는 존재이다.

> 그러므로 형제들아 내가 하나님의 모든 자비하심으로 너희를 권하노니 너희 몸을 하나님이 기뻐하시는 거룩한 산 제물로 드리라 이는 너희가 드릴 영적 예배니라 (롬 12:1)

사도 바울은 우리가 하나님께 무엇을 드려야 하는지 분명하게 말하였다. 그것은 바로 우리의 몸이다! 그는 분명하게 우리의 영과 혼만이 아니라 우리의 몸도 말하였다. 누구보다도 바울은 하나님께서 세상을 향한 그분의 계획을 이루시기 위해 우리의 몸을 필요로 하신다는 것을 알고 있었다. 우리의 몸이 없이는 하나님의 일은 성취되지 않는다.

드와이트 L. 무디는 이렇게 말했다. "하나님께 온전히 자신을 거룩히 구별하여 드린 자를 통해 하나님이 어떤 일을 하실 수 있는지 세상은 아직 보지 못했다. 나는 하나님의 도우심으로 그러한 자가 되기를 원한다."

하나님께서는 몸을 찾고 계신다. 다시 한 번 묻겠다. "당신은 성령님께 자신의 몸을 내어드리고 있는가?"

약 100여 년 전에 월터 윌슨 박사는 제임스 M. 그레이 박사의 내어

드림에 대한 놀라운 설교를 들었다. 그리고 그는 자신의 방으로 달려가서 하나님께 엎드려 이렇게 기도하였다.

> 주님, 지금까지 저는 당신을 완전히 홀대하였습니다. 저는 마치 당신을 종처럼 대하였습니다. 제가 당신을 원할 때만 당신을 찾았습니다. 제가 어떤 일을 할 때에 당신을 불러서 저의 일을 도와달라고 하였습니다. 저는 당신을 종의 위치에 두었습니다. 저는 당신을 제가 선택한 일에 종으로 이용하기 위해서만 찾았습니다. 그러나 이제는 그렇게 하지 않겠습니다. 이제 저의 몸을 주님께 드립니다. 제 머리부터 발끝까지 주님께 드립니다. 제 손과 팔다리와 눈과 입과 저의 뇌와 제 안과 밖 전부를 주님께 드립니다. 주님이 제 안에서 사시고, 기쁘신 대로 주관하시도록 저를 주님께 내어드립니다. 주님이 이 몸을 아프리카에 보내셔도 좋습니다. 당신의 메시지를 전하라고 티베트로 보내셔도 좋습니다. 에스키모인들에게 보내셔도 좋습니다. 이제부터 이 몸은 당신의 몸입니다. 마음대로 사용하소서.[2]

우리 모두는 진심으로 이러한 기도를 해야 한다. 의심의 여지없이 이 기도는 우리의 삶을 완전히 바꾸어 놓을 것이다.

사랑하는 형제자매여, 지금이 바로 당신의 때이다. 당신의 몸을 드리지 않은 채 또 하루를 보내지 말라. 지금이 바로 그분의 발 앞에 당신을 내어드릴 시간이다. 지금 즉시 그분 앞에 순복하라. 당신의 몸을, 소유권을 넘겨드리라. 당신을 하나님께 기부하라. 모든 것을 그분께 드려

---

2) V. Raymond Edman, "They Found The Secret." Zondervan Publishing House, p. 123.

버리라. 당신의 삶의 모든 소유권을 조건 없이 넘겨 드리라.

지금 즉시 이렇게 기도하라!

하나님, 여기 제 몸이 있습니다. 저의 전부를 받으소서. 당신의 성령으로 저를 채우소서. 저는 주의 것입니다. 저를 당신의 귀한 도구로 택하여 사용하시기 원합니다. 저는 당신의 종입니다. 당신이 원하시는 대로 저를 사용하소서. 당신께 헌신하겠습니다. 아멘!

자, 이제 일어나라. 하나님으로 가득 채워져라. 그리고 가서 예수님처럼 행하라!

HE SAT DOWN

순전한 나드 도서목록

번호	도서명	저자	가격
1	존 비비어의 승리〈개정판〉	존 비비어	12,000
2	교회를 뒤흔드는 악령을 대적하라	프랜시스 프랜지팬	5,000
3	교회를 어지럽히는 험담의 악령을 추방하라	프랜시스 프랜지팬	5,000
4	그리스도인의 삶의 비결〈개정판〉	진 에드워드	9,000
5	존 비비어의 친밀감〈개정판〉	존 비비어	14,000
6	내 백성을 자유케 하라	허 철	10,000
7	내게 신선한 기름을 부으셨나이다	허 철	9,000
8	내어드림〈개정판〉	페늘롱	7,000
9	더 넓게 더 깊게	메릴린 앤드레스	13,000
10	마켓플레이스 크리스천〈개정판〉	로버트 프레이저	9,000
11	존 비비어의 축복의 통로〈개정판〉	존 비비어	8,000
12	부서트리고 무너트리는 기름 부으심	바바라 J. 요더	8,000
13	사도적 사역	릭 조이너	12,000
14	사사기	잔느 귀용	7,000
15	상한 마음을 치유하는 기도	마크 & 패티 버클러	15,000
16	상한 영의 치유1	존 & 폴라 샌드포드	17,000
17	상한 영의 치유2	존 & 폴라 샌드포드	13,000
18	성령님을 아는 놀라운 지식	허 철	10,000
19	속사람의 변화 1	존 & 폴라 샌드포드	11,000
20	속사람의 변화 2	존 & 폴라 샌드포드	13,000
21	신부의 중보기도	게리 윈스	11,000
22	아가서	잔느 귀용	11,000
23	악의 속박으로부터의 자유	릭 조이너	9,000
24	어머니의 소명	리사 하텔	12,000
25	여정의 시작	릭 조이너	13,000
26	영광스러운 교회에 보내는 메시지 1	릭 조이너	10,000
27	영분별〈개정판〉	프랜시스 프랜지팬	4,000
28	영적 전투의 세 영역〈개정판〉	프랜시스 프랜지팬	11,000
29	예레미야	잔느 귀용	6,000
30	예수 그리스도와의 친밀함	잔느 귀용	7,000
31	예수님을 닮은 삶의 능력〈개정판〉	프랜시스 프랜지팬	12,000
32	예수님을 향한 열정〈개정판〉	마이크 비클	12,000
33	잔느 귀용의 요한계시록〈개정판〉	잔느 귀용	13,000
34	인간의 7가지 갈망하는 마음	마이크 비클 & 데보라 히버트	11,000
35	저주에서 축복으로	데릭 프린스	6,000
36	주님, 내 마음을 열어주소서	캐티 오츠 & 로버트 폴 램	9,000
37	지구상에서 가장 강력한 기도	피터 호로빈	7,500
38	축사사역과 내적치유의 이해 가이드	존 & 마크 샌드포드	20,000
39	출애굽기	잔느 귀용	10,000
40	하나님과 동행하는 사람들〈개정판〉	샨 볼츠	9,000

PURENARD

번호	도서명	저자	가격
41	하나님과 사람에게 더욱 사랑스러운 자	듀안 벤더 클럭	10,000
42	하나님과의 연합	잔느 귀용	7,000
43	하나님을 연인으로 사랑하는 즐거움	마이크 비클	13,000
44	하나님 마음에 합한 사람	마이크 비클	13,000
45	하나님의 아름다움을 바라보는 축복	허 철	10,000
46	하나님의 요새(개정판)	프랜시스 프랜지팬	9,000
47	하나님의 장군의 일기(개정판)	잔 G. 레이크	6,000
48	항상 배가하는 믿음(개정판)	스미스 위글스워스	13,000
49	항상 부족함이 없으리로다	롤랜드 & 하이디 베이커	8,000
50	혼동으로부터의 자유	릭 조이너	5,000
51	혼의 묶임을 파쇄하라	빌 & 수 뱅크스	10,000
52	존 비비어의 회개(개정판)	존 비비어	11,000
53	횃불과 검	릭 조이너	8,000
54	금식이 주는 축복	마이크 비클 & 다나 캔들러	12,000
55	부활	벤 R. 피터스	8,000
56	거절의 상처를 치유하시는 하나님	데릭 프린스	6,000
57	존 비비어의 분별력(개정판)	존 비비어	13,000
58	통제 불능인 상황에서도 난 즐겁기만 하다	리사 비비어	12,000
59	어린이와 십대를 위한 축사사역	빌 뱅크스	11,000
60	빛은 어둠 속에 있다	패트리샤 킹	10,000
61	목적으로 나아가는 길	드보라 조이너 존슨	8,000
62	컴 투 파파	게리 윈스	13,000
63	러쉬 아워	슈프레자 싯홀	9,000
64	지도자의 넘어짐과 회복	웨이드 굿데일	12,000
65	하나님의 일곱 영	키이스 밀러	13,000
66	너희 지체를 의의 병기로 하나님께 드리라	허 철	8,000
67	세계를 변화시키는 능력	릭 조이너	12,000
68	추수의 비전	릭 조이너	8,000
69	하나님의 집	프랜시스 프랜지팬	11,000
70	도시를 변화시키는 전략적 중보기도	밥 하트리	8,000
71	왕의 자녀의 초자연적인 삶	빌 존슨 & 크리스 밸러턴	13,000
72	언약기도의 능력	프랜시스 프랜지팬	8,000
73	믿음으로 산 증인들	허 철	12,000
74	욥기	잔느 귀용	13,000
75	나라를 변화시킨 비전: 윌리엄 테넌트의 영적인 유산	존 한센	8,000
76	세상을 다스리는 권세의 회복	레베카 그린우드	10,000
77	창세기 주석	잔느 귀용	12,000
78	하나님의 강	더치 쉬츠	13,000
79	당신의 운명을 장악하라	알렌 키란	13,000
80	자살	로렌 타운젠드	10,000

순전한 나드 도서목록

번호	도서명	저자	가격
81	레위기·민수기·신명기 주석	잔느 귀용	12,000
82	그리스도인의 영적혁명	패트리샤 킹	11,000
83	초자연적 중보기도	레이첼 힉스	13,000
84	나는 하나님의 음성을 듣는다	킴 클레멘트	11,000
85	하나님의 초자연적인 능력	바비 코너	11,000
86	거룩과 진리와 하나님의 임재	프랜시스 프랜지팬	9,000
87	사랑하는 하나님	마이크 비클	15,000
88	일곱 교회 이기는 자에게 주시는 축복	허 철	9,000
89	일터에 영광이 회복되다	리차드 플레밍	12,000
90	초자연적 경험의 신비	짐 골 & 줄리아 로렌	13,000
91	웃겨야 살아난다	피터 와그너	8,000
92	폭풍의 전사	마헤쉬 & 보니 차브다	13,000
93	천국 보좌로부터 온 전략	샌디 프리드	11,000
94	영향력	윌리엄 L. 포드 3세	11,000
95	속죄	데릭 프린스	13,000
96	신의 성품에 참예하는 자	허 철	8,000
97	예언, 꿈, 그리고 전도	덕 애디슨	13,000
98	아가페, 사랑의 길	밥 멈포드	13,000
99	불타오르는 사랑	스티브 해리슨	12,000
100	그 이상을 갈망하라!	랜디 클락	13,000
101	능력, 성결, 그리고 전도	랜디 클락	13,000
102	종교의 영	토미 펨라이트	11,000
103	예기치 못한 사랑	스티브 J. 힐	10,000
104	모르드개의 통곡	로버트 스턴스	13,500
105	1세기 교회사	릭 조이너	12,000
106	예수님의 얼굴〈개정판〉	데이비드 E. 테일러	13,000
107	토기장이 하나님	마크 핸비	8,000
108	존중의 문화〈개정판〉	대니 실크	13,000
109	제발 좀 성장하라!	데이비드 레이븐힐	11,000
110	정치의 영	파이살 말릭	12,000
111	이기는 자의 기름 부으심	바바라 J. 요더	12,000
112	치유 사역 훈련 지침서	랜디 클락	12,000
113	헤븐	데이비드 E. 테일러	13,000
114	더 크라이	키스 허드슨	11,000
115	천국 여행	리타 베넷	14,000
116	파수 기도의 숨은 능력	마헤쉬 & 보니 차브다	13,000
117	지저스 컬처	배닝 립스처	12,000
118	넘치는 기름 부음	허 철	10,000
119	거룩한 대면	그래함 쿡	23,000
120	믿음을 넘어선 기적	데이브 헤스	10,000

번호	도서명	저자	가격
121	꿈 상징 사전	조 이보지	8,000
122	삶을 변화시키는 성령의 권능	스티븐 브룩스	11,000
123	영적 전쟁의 일곱 영	제임스 A. 더함	13,000
124	영적 전쟁의 승리	제임스 A. 더함	13,000
125	기적의 방을 만들라	마헤쉬 & 보니 차브다	12,000
126	개인적 예언자	미키 로빈슨	13,000
127	어둠의 영을 축사하라	짐 골	13,000
128	보좌를 향하여	폴 빌하이머	10,000
129	적그리스도의 영을 정복하라	샌디 프리드	13,000
130	성령님 알기	마헤쉬 & 보니 차브다	12,000
131	십자가의 권능	마헤쉬 & 보니 차브다	13,000
132	성령이 이끄시는 성공	대니 존슨	13,000
133	축복의 능력	케리 커크우드	13,000
134	하나님의 호흡	래리 랜돌프	11,000
135	아름다운 상처	룩 홀터	11,000
136	하나님의 길	덕 애디슨	13,000
137	천국 체험	주디 프랭클린 & 베니 존슨	12,000
138	당신의 사명을 깨우라	M. K. 코미	11,000
139	기독교의 유혹	질 섀넌	25,000
140	우리가 몰랐던 천국의 자녀양육법	대니 실크	12,000
141	임재의 능력	매트 소거	12,000
142	예수의 책	마이클 코울리아노스	13,000
143	신앙의 기초 세우기	래리 크레이더	13,000
144	내 인생을 바꿔 줄 최고의 여행	제이 스튜어트	12,000
145	시간 & 영원	조슈아 밀즈	10,000
146	거룩한 흐름, 분위기	조슈아 밀즈	10,000
147	하이디 베이커의 사랑	하이디 & 롤랜드 베이커	13,000
148	하나님의 임재	빌 존슨	13,000
149	영광의 사역	제프 젠슨	12,000
150	초자연적 기름부음	줄리아 로렌	12,000
151	하나님의 갈망	제임스 A. 더함	14,000
152	형통의 문을 여는 31가지 선포기도	케빈 & 캐티 바스코니	5,000
153	임박한 하나님의 때	R. 로렌 샌드포드	13,000
154	하나님을 향한 울부짖음	바바라 J. 요더	12,000
155	춤추는 하나님의 손	제임스 말로니	37,000
156	참소자를 잠잠케 하라	샌디 프리드	13,000
157	영광이란 무엇인가?	폴 맨워링	14,000
158	내일의 기름부음	R. T. 켄달	13,000
159	영적 전투를 위한 전신갑주	크리스 밸러턴	12,000
160	성령을 소멸치 않는 삶	R. T. 켄달	13,000

순전한 나드 도서목록

번호	도서명	저자	가격
161	초자연적인 삶	아담 F. 톰슨	10,000
162	한계를 돌파하라	샌디 프리드	13,000
163	블러드문	마크 빌츠	11,000
164	마지막 부흥을 위하여	시드 로스	10,000
165	구약에서 일어난 모든 일들	윌리엄 H. 마티	13,000
166	신약에서 일어난 모든 일들	윌리엄 H. 마티	11,000
167	드보라 군대	제인 해몬	14,000
168	거룩한 불	R. T. 켄달	13,000
169	기적 안에 걷는 삶	캐더린 로날라	12,000
170	당신의 자녀를 향한 하나님의 65가지 약속	마이크 슈리브	8,000
171	무슬림 소녀, 예수님을 만나다	사마 하비브 & 보디 타이니	13,000
172	스미스 위글스워스의 병 고침(개정판)	스미스 위글스워스	12,000
173	뇌의 스위치를 켜라	캐롤라인 리프	13,000
174	약속된 시간	제임스 A. 더함	13,000
175	실패를 딛고 일어서는 믿음	샌디 프리드	12,000
176	스미스 위글스워스의 성령의 은사(개정판)	스미스 위글스워스	13,000
177	끝날 때까지 끝난 것이 아니다	R. T. 켄달	15,000
178	완전한 기억	마이클 A. 댄포스	10,000
179	금촛대 중보자들 1	제임스 말로니	15,000
180	마지막 때와 이슬람	조엘 리차드슨	15,000
181	질투	R. T. 켄달	14,000
182	사탄의 전략	페리 스톤	14,000
183	죽음에서 생명으로	라인하르트 본케	12,000
184	금촛대 중보자들 2	제임스 말로니	13,000
185	금촛대 중보자들 3	제임스 말로니	13,000
186	올바른 생각의 힘	케리 커크우드	12,000
187	부흥의 거장들	빌 존슨 & 제니퍼 미스코브	25,000
188	악의 삼겹줄을 파쇄하라(개정판)	샌디 프리드	12,000
189	지옥의 실체와 하나님의 열쇠	메리 캐서린 백스터	12,000
190	문지기들이여 일어나라	제임스 A. 더함	15,000
191	안식년의 비밀	조나단 칸	15,000
192	교회를 깨우는 한밤의 외침	R. T. 켄달	15,000
193	하나님의 시간표	마크 빌츠	12,000
194	사랑의 통역사	샨 볼츠	12,000
195	예루살렘의 평화를 위해 기도하라	탐 헤스	13,000
196	마이크 비클의 기도	마이크 비클	25,000
197	유대적 관점으로 본 룻기	다이앤 A. 맥닐	13,000
198	폭풍을 향해 노래하라	디모데 D. 존슨	13,000
199	세미한 하나님의 음성을 듣는 방법	스티브 샘슨	12,000
200	영광의 세대	브루스 D. 알렌	15,000

번호	도서명	저자	가격
201	영적 분위기를 바꾸라	다우나 드 실바	12,000
202	하나님을 홀로 두지 말라	행크 쿠네만	14,000
203	하나님이 디자인하신 완전한 나	캐롤라인 리프	20,000
204	대적의 문을 취하라〈개정증보판〉	신디 제이콥스	15,000
205	R. T. 켄달의 임재	R. T. 켄달	13,000
206	영성가의 기도	찰리 샴프	10,000
207	과거로부터의 자유〈개정판〉	존 로렌 & 폴라 샌드포드	14,000
208	하나님의 불	제임스 A. 더함	15,000
209	일상에 임한 하나님의 영광	브루스 D. 알렌	14,000
210	마지막 시대, 마지막 주자	타드 스미스	13,000

He Sat Down

by Todd Smith

Copyright ⓒ 2017 by Todd Smith

Originally published in English under the title of
He Sat Down by Todd Smith

Korean Translation Copyright ⓒ 2019 by Pure Nard
2F 16, Eonju-ro 69-gil Gangnam-gu, Seoul, Korea

The Korean edition is published by arrangement with Todd Smith.
All rights reserved.

본 저작물의 한국어판 저작권은 저자와의 독점 계약으로 '순전한 나드'가 소유합니다.
저작권자의 허락 없이 이 책의 일부 또는 전체를 무단 복제, 전재, 발췌하면 저작권법에 의해 처벌을 받습니다.

마지막 시대, 마지막 주자

초판 발행 | 2019년 10월 14일

지 은 이 | 타드 스미스
옮 긴 이 | 조슈아 김

펴 낸 이 | 허철
편　　집 | 김혜진
디 자 인 | 이보다나
총　　괄 | 허현숙
인 쇄 소 | 예원프린팅

펴 낸 곳 | 도서출판 순전한 나드
등록번호 | 제2010-000128
주　　소 | 서울특별시 강남구 언주로69길 16, (역삼동) 2층
도서문의 | 02) 574-6702
편 집 실 | 02) 574-9702
팩　　스 | 02) 574-9704
홈페이지 | www.purenard.co.kr

ISBN 978-89-6237-293-9 03230

(CIP제어번호 : CIP2019037916)
이 도서의 국립중앙도서관 출판예정도서목록(CIP)은 서지정보유통지원시스템 홈페이지(http://seoji.nl.go.kr)와 국가자료공동목록시스템(http://www.nl.go.kr/kolisnet)에서 이용하실 수 있습니다.